ANTTI SAVINAINEN

KUOLEMANRAJATUTKIMUS:
TIEDE KOHTAA AIKAIN VIISAUDEN

JA MUITA KIRJOITUKSIA

Antti Savinainen

Kuolemanrajatutkimus: tiede kohtaa Aikain viisauden

ja muita kirjoituksia

BoD – Books on Demand

Helsinki, Suomi

2021

Kirjan kannen suunnittelu ja toteutus: Minttu Harju
Taitto: Jukka I. Lindfors

ISBN: 978-952-80-4367-6

Kustantaja: BoD - Books on Demand, Helsinki, Suomi

Valmistaja: BoD – Books on Demand, Norderstedt, Saksa

Kuolemanrajakokemukset tuovat selkeästi esille, että elämällä on tarkoitus. Tämä tarkoitus vaikuttaa olevan rakastaminen ja oppiminen.* – Dr. Janice Holden

Tuleva maanpäällinen elämämme näyttäytyy meille. Me näemme, mikä läksy on meille annettu suoritettavaksi tätä uutta elämää varten... Ja hänen sielunsa tuntee: "Nyt tahdon koettaa paremmin kuin ennen olla puhdas, rehellinen ja rauhallinen sisässäni. Minä tahdon olla rakastava kaikkia kohtaan."** – Pekka Ervast

---

*   David Sunfellow (2020). *500 quotes from heaven. Life-changing quotes that reveal the wisdom & power of near-death experiences.* Sivu 114–15. quotesfromheaven.com [Käännös AS]

** Jouni Marjanen, Antti Savinainen ja Jouko Sorvali (2016). *Kuolema ja kuoleman-jälkeinen elämä. Otteita Pekka Ervastin esitelmistä ja kirjoituksista.* Sivu 101. Ruusu-Ristin Kirjallisuusseura ry.

Sisällysluettelo

Esipuhe

Teosofinen Seura perustettiin New Yorkissa vuonna 1875 (myöhemmin teosofinen liike on jakautunut lukuisiin seuroihin). Teosofisen Seuran yhtenä tarkoituksena oli tuoda länsimaiden hengettömyyteen Aikain viisautta eli henkistä tietoa ja valoa, joka oli aikaisemmin ollut lähinnä esoteeristen piirien ulottuvilla. Tässä suhteessa keskeisiä ovat opetukset kuolemanjälkeisestä elämästä, karmasta ja jälleensyntymisestä, ihmisten universaalisesta veljeydestä ja altruistisesta etiikasta. Näitä kysymyksiä tarkastellaan luvussa *Ruusuristiläistä teosofiaa*, jolla tarkoitan Ruusu-Ristin perustaja Pekka Ervastin (1875–1934) ajattelua sellaisena, kuin olen sitä ymmärtänyt. Luvussa *Henkisiä opettajia* esitellään muutamien henkisten opettajien tai henkisesti heränneiden ihmisten ajattelua ja elämää. Heidän opetuksiaan pohditaan ruusuristiläisestä näkökulmasta.

Henkisten opetusten lisäksi Teosofinen Seura pyrki antamaan herätteitä 1800-luvun lopun tieteelle, jonka ajateltiin jopa olevan teosofian "paras liittolainen". Näyttää kuitenkin selvältä, että teosofian anti aikansa tieteelle jäi kovin vähäiseksi. Ehkä yllättäen teosofian ja tieteen rajapinta on kuitenkin ajankohtainen kysymys. Kuolemanrajatutkimuksen ja lasten jälleensyntymismuistojen tutkimuksen empiiriset löydökset ovat suurelta osin erittäin hyvin yhteensopivia teosofisten opetuksen kanssa. Ne viittaavat voimakkaasti siihen mahdollisuuteen, että ihmisessä on henkinen olemuspuoli, joka selviytyy kuolemassa. On ilmeistä, että tietoisuuden ongelmaa ei voi ratkaista pelkän aivotutkimuksen avulla, koska kuolemanrajatutkimus on tuonut esille näyttöä siitä, että tietoisuus voi toimia silloinkin, kun fyysiset aivot eivät ole toiminnassa. Muun muassa näitä kysymyksiä pohditaan luvussa *Tieteen ja teosofian rajapinta*.

Tässä kirjassa painetut artikkelit on yleensä julkaistu *Ruusu-Risti*-lehdessä, muutamat myös *Teosofi*- ja *Takoja*-lehdissä. Tarkat julkaisutiedot on esitetty artikkelikokoelman lopussa (olen jonkin verran muokannut alkuperäisiä artikkeleja). Kiitän Ruusu-Ristin johtajaa ja *Ruusu-Risti* -lehden päätoimittajaa Jarmo Anttilaa, *Teosofi*-lehden entistä päätoimittajaa Sampsa Kuukasjärveä sekä *Takoja*-lehden päätoimittajaa Pentti Aaltosta myötämielisyydestä artikkeleitani kohtaan. Erityiskiitos kuuluu ystävälleni Jukka Lindforsille, joka on auttanut kaikissa artikkeleissani ja toimitti tämän kirjan julkaisukuntoon. Tässä julkaistut artikkelit sisältyvät laajempaan artikkelikokoelmaan, joka on saatavissa sivustolta https://www.teosofia.net/e-kirjat/.

Lämmin kiitos Minttu Harjulle kannen suunnittelusta. Suuret kiitokset kirjan oikolukijoille Paula Montolle ja Mauri Lehtovirralle. Teitte tarkkaa työtä.

Nämä kirjoitukset ovat yritys tutkia teosofiaa ja tiedettä ruusuristiläisestä näkökulmasta. Toivon, että ne tarjoavat lukijalle ajattelemisen aihetta ja kannustavat omakohtaiseen tutkimiseen.

Kuopiossa Antin päivänä 30.11.2020

Antti Savinainen, FT

I Ruusuristiläistä teosofiaa

Näkökulmia jälleensyntymiseen

Johdanto

Voidaan perustellusti väittää, että jälleensyntyminen ja karman laki ovat tärkeimpiä modernin teosofian ja antroposofian esittämistä opeista. Usein kyllä sanotaan, että ne eivät ole mitään uutta, koska onhan niitä opetettu idän uskonnoissa, buddhalaisuudessa ja hindulaisuudessa vuosituhansien ajan. Kuitenkin teosofia toi jälleensyntymisen tulkintaan jotakin uutta: jälleensyntyminen nähdään positiivisena asiana, ihmisen kehityksen mahdollistajana. Perinteiset tulkinnat idässä taas näkevät jälleensyntymisen tietynlaisena kahleena, josta ihmisen tulee vapautua. Tähän pyrkii erityisesti buddhalainen arhatin tie, kun taas bodhisattva-buddhalaisuus tulee erittäin lähelle teosofista tulkintaa.

Tarkastelen tässä kirjoituksessa jälleensyntymisen prosessia lähinnä teosofisesta näkökulmasta. Jälleensyntymistä ei ole mahdollista ymmärtää erillään karman eli syyn ja seurauksen laista. Karmaa ja sen eri tulkintoja käsitellään seuraavassa luvussa.

Kuolemanjälkeinen elämä

Teosofian mukaan ihminen voidaan hahmottaa kolminaisena tai seitsenkertaisena olentona. Myös muunkinlaisia hahmotuksia tunnetaan. Kuolevainen persoonallisuutemme koostuu fyysis-eetterisestä ruumiista ja astraalis-mentaalisesta sielusta. Kuolematon meissä sisältyy henkeemme, jota teosofiassa kutsutaan korkeammaksi minäksi tai korkeammaksi itseksi. Kuolemassa jätämme fyysis-eetterisen verhomme ja elämme sielunmaailmassa aluksi karkeampien tunteiden alueella ja myöhemmin puhdistuneen tunteen alueella. Siellä ihminen käy läpi elämänsä lopusta alkuun ja kohtaa persoonallisuutensa alemman puolen. Puhdistusta seuraa lopulta toinen kuolema, joka on porttina persoonalliseen taivaaseen. Siellä hän elää elämänsä uudelleen alusta loppuun, tällä kertaa kokien taivaallista onnea.

Tämä taivas on aktiivista meditaatiota, jossa hän rakentaa itsensä uudelleen korkeimpien ihanteittensa mukaiseksi.

Taivaselämä huipentuu persoonallisen tajunnan yhtymiseen korkeampaan minään, jonka ihminen kuolemassa menetti. Yhteys korkeampaan minään säilyy kuolemassa vain siinä määrin, kuin se on elämän aikana syntynyt. Jos ihminen ei ole elämänsä aikana kokenut korkeampaa minäänsä, hän ei pysy enää tässä vaiheessa tajuisena, vaan persoonallinen tajunta haihtuu. Menneen elämän henkiset saavutukset liitetään elämän Kultaiseen kirjaan yhdeksi sivuksi, osaksi korkeampaa minää, joka näin kehittyy elämien myötä. Taivastilan huipulla on mahdollista tutkia menneitä elämiä henkiseltä kannalta ja myös nähdä ja suunnitella tuleviakin elämiä. Ihminen näkee, mihin hän on henkisenä olentona päässyt ja mikä taival hänellä on vielä edessään kohti täydellistä ihmistä. Hän näkee selvästi täydellisen ihmisen ihanteen ja haluaa syntyä uudelleen, jotta voisi kasvaa tätä ihannetta kohti. Paluu uuteen elämään uutena persoonallisuutena voi alkaa. Sven Krohnin (1982) runo kuvaa hienolla tavalla ihmishengen kokemusta jälleensyntymisen portilla:

Katselit kerran taivaiden korkeudesta maan elämää – seutua mihin syntyvä olit. Tiesi näit jo silloin ja ymmärsit, miksi sinun tulisi ihminen olla, se tieto aineeseen tuoda, joka välittömässä Ykseydessä on sinussa Sinä.

Ja niinkuin ukkosen jyrinä tai niinkuin metsien hiljainen humina tavoitti Ääni, täytti ja lävisti Sana: Muista!

"Minä muistan", ah, lupasit silloin.

Miten helppoa luvata leväten autuudessa, ainaisen Hyvyyden helmassa: "Harhojen keskellä soihtuna käyden, valoa tuoden, onnea luoden kaikkeni annan!"

Taivainen lupaus sielusi sinetti. Vieläkö muistat?

Toista on kulkea usvassa, maassa kohdata sielunsa toisena, kohdata halujen pyörre, intohimojen väkevä poltto, vastavoimien imu, ihmisten pilkka, vallan ja maineen himot ja pyyteet, nautinnon veto ja viiltävä tuska.

Taivainen lupaus, vieläkö muistat?

Totuutta maailma pelkää, valoa vihaa. Joka sydämen ääntä seurata tohtii alistumatta, on kurja, syttyköön hänelle rovio, poltettakoon!

Eksynyt sielu, miksi et lepoa saa. Vieläkö muistat?

Ihmisen osuus on ristiriidasta nousten, taistellen tuoda taivainen siemen maiseen multaan, keskellä mudan ja liejun suojella Uuden Elämän uskon, Elämän toivon hentoa kukkaa.

Muistatko vihdoin.

Mikä tai kuka jälleensyntyy?

Persoonallinen minuutemme eli sielumme on kuolevainen kuten edellisestä selityksestäkin käy ilmi. Se vaihtuu inkarnaatiosta toiseen eli persoonallisuutemme ei jälleensynny. Syntyykö sitten korkeampi minämme, henkinen olemuspuolemme? Ei synny sekään ennen kuin saavutamme todellisen vihkimyksen; vasta sitten voimme sanoa, että korkeampi minä on varsinaisesti syntynyt eli yhtynyt alempaan minäämme. (Tietenkin jo ennen vihkimystä on mahdollista tuoda korkeampaa minuutta päivätajuiseen elämään.) H. P. Blavatsky antaa selityksen, jonka mukaan korkeampi minä ikään kuin kasvattaa uuden oksan eli persoonallisuuden. Tätä vastaa Jeesuksen antama vertauskuva: "Minä olen viinipuu, te olette oksat." Korkeampi minä vastaa persoonallisuuksien luomasta karmasta. Onkin sanottu, että se on aineeseen ristiinnaulittu. Kukin persoonallisuus on heijastus korkeammasta minästä, joka ei tyhjene yhteen persoonallisuuteen. Edellä sanotusta voidaan päätellä, että seuraava elämä ei ole edellisen elämän suoraa jatkoa.

Buddhan mukaan uuden persoonallisuuden muodostavat skandhat, edellisten elämien karmalliset tulokset, jotka säilyvät siemeninä tulevan inkarnaation varalle. Voi siis sanoa, että Buddhan mukaan vain vanha karma (tai osa siitä) inkarnoituu. Inkarnoituminen lakkaa, kun vanha karma on voitettu. Perinteisesti on ajateltu, että buddhalaisuudessa ei puhuta ihmisen kehittyvästä kuolemattomasta minuudesta; ilmeisesti Buddha itse ei asiasta suoraan opettanut. Toisaalta buddhalaisuuteen kuuluu opetus buddhaluonnosta, joka piilee jokaisessa: siihen sisältyy buddhuuden siemen. Tämä käsitys on lähellä esoteerisen kristinuskon opetusta mystisestä Kristuksesta ja teosofian opetusta ihmisen ylemmästä kolminaisuudesta.

Jälleensyntymismuisti ja aikaisempien elämien tutkiminen

Kaikki tapahtumat – sisäiset ja ulkoiset – tallentuvat maailmojen muistiin eli akashaan. Tämä on kaksinainen: alempi muisti, astraalivalo, joka sisältää sekä hyvän että pahan ja luonnon korkeampi muisti, varsinaiset akashiset aikakirjat eli Elämän kirja, joka sisältää vain kaiken hyvän. Alemman akashan lukeminen on vaikeaa, koska on hankala tietää, mihin tietyt kuvat liittyvät. Luotettava jälleensyntymismuisti perustuu Elämän kirjan lukemiseen. Se vaatii Pekka Ervastin mukaan sitä, että ihminen nousee korkeamman minuutensa tajuntaan. Siinä tajunnassa ei ole mitään pahaa, vain kaikki hyvä ja henkiset saavutukset ovat siihen tallentuneet. Sitten tästä korkeammasta tajunnasta päin on laskeuduttava astraalivaloon ja luotava menneisyys uudelleen. Ihminen voi ennen korkeamman minän tajunnan saavuttamistakin saada näkyjä, unia ja vaikutelmia menneistä elämistään.

Teosofi A. P. Sinnett kysyi eräässä kirjeessään mestari Kuthumilta (K. H.), pystyykö tämä katsomaan elävien henkilöiden entisiin elämiin. Sinnett myös kysyi, voisiko K. H. kertoa joitakin yksityiskohtia Sinnettin omista entisistä elämistä. K. H. vastasi: "Ikävä kyllä, pystyvät muutamat meistä siihen; minä en puolestani välitä harjoittaa sitä." Ervastin mielestä siihen ei ilman muuta ole oikeutta; se vaatii lupaa korkeammalta minältä.

Rudolf Steiner (1861–1925) esitti säännön, jonka mukaan ihmiset inkarnoituvat ryhminä. Tämä on tietysti luonteva ajatus, koska kuinka muuten karmalliset tilit yksilöiden välillä voisivat tasoittua? Elämä kuoleman ja uudelleen syntymisen välillä on huomattavasti pidempi: siellä on mahdollista olla kosketuksissa eri rytmissä kulkevien ihmisten kanssa, mutta ei maan päällä. Joka tapauksessa aikalaisuudella on sisäinen, tärkeä merkitys inkarnaatiosta toiseen. Ehkä tämä vielä korostuu henkisiin liikkeisiin kuuluvien ihmisten kohdalla.

Katsotaan lopuksi jälleensyntymisopin suhdetta kristinuskoon.

Jälleensyntymisoppi ja kristinusko: kirkolliskokous v. 553

Jälleensyntymistä ei nykyisissä perinteisen kristinuskon versioissa opeteta. Kristinuskon gnostilaisissa virtauksissa, kuten kataarien keskuudessa, sitä kyllä opetettiin, mutta katolinen inkvisitio tuhosi heidät. Kirkkoisä Origenes (noin 184–253) opetti jälleensyntymisoppia uransa tietyssä vaiheessa tai ainakin hän piti sitä mahdollisena (Ehrman, 2020); myöhemmin hän irtisanoutui jälleensyntymisopista (Sohlberg, 2015). Henkisten liikkeiden piirissä esitetään usein, että jälleensyntymisoppi poistettiin kristinuskosta Konstantinopolin kirkolliskokouksessa v. 553. Kirkolliskokouksen

Origeneen apokatastasis-opille* langetettama anateema eli kirkon kirous oli seuraavanlainen (https://www.comparativereligion.com/anathemas.html):

If anyone asserts the fabulous pre-existence of souls, and shall assert the monstrous restoration which follows from it: let him be anathema.

Sama suomeksi (käännös AS):

Jos joku kannattaa väitettä sielun tarunomaisesta pre-eksistenssistä ja siitä seuraavaa väitettä kauheasta entisöinnistä [kreikaksi apokatastasis]*, hän olkoon kirottu.*

Filosofian professori Sven Krohn (1989) käänsi apokatastasis-sanan takaisintuloksi, joka näyttäisi viittaavan jälleensyntymiseen. Tämä vaikuttaa kuitenkin olevan poikkeuksellinen tulkinta: yleensä sana käännetään entisöinniksi, minkä myös Krohn tuo esille. Entisöinti tarkoittaa tässä yhteydessä kaikkien olioiden alkuperäiseen (puhtaaseen) tilaan saattamista. Konstantinopolissa ei siten otettu kantaa jälleensyntymiseen. Toki siellä "estettiin" jälleensyntyminen, koska sielun pre-eksistenssi on sen välttämätön, vaikkakaan ei riittävä ehto. Jälleensyntymisopin mahdolliselle totuusarvolle kirkolliskokouksen päätöksellä ei tietenkään ole mitään merkitystä.

Lähteitä

Barker, A. T. (1933). Viisauden *Mestarien kirjeitä. Filosofiset ja tietopuoliset opetukset ym.* Mystica.

Blavatsky, H. P. (1954). *Teosofian avain.* Ruusu-Risti.

Ehrman, Bart (2020). *Heaven and hell: A history of the afterlife.* Simon & Schuster.

Ervast, Pekka (1990). *Jälleensyntymisen mysteereitä.* Ruusu-Ristin Kirjallisuusseura ry.

Ervast, Pekka (1990). *Jälleensyntymismuisti.* Ruusu-Ristin Kirjallisuusseura ry.

Ervast, Pekka (2003). *Elämää kuoleman jälkeen.* Ruusu-Ristin Kirjallisuusseura ry.

Krohn, Sven (1982). Runo. Teoksessa Osmo Lahdenperä: *Kohti elämän tarkoitusta.* Gummerus.

Krohn, Sven (1989). *Ydinihminen.* Arator.

---

* Apokatastasis-oppia on käsitelty monipuolisesti englanninkielisessä Wikipediassa: https://en.wikipedia.org/wiki/Apocatastasis.

Rinpoche, Khenchen Thrangu. Buddhaluonto ja buddhuus mahayanan ja vajrayanan näkökulmasta. Saatavana internetistä osoitteesta http://www.nic.fi/~sherab/buddhaluonto.htm.

Sohlberg, Jussi (2015). Jälleensyntymisoppi ja kristinusko. Saatavilla internetistä osoitteessa https://www.kirkonkello.fi/jalleensyntymisoppi-ja-kristinusko/.

Steiner, Rudolf (1994). *Kohtalon yhteyksiä I*. Suomen Antroposofinen liitto.

Steiner, Rudolf (2005). *Kohtalon yhteyksiä, osa II*. Suomen Antroposofinen liitto.

Steiner, Rudolf (2006). *Kohtalon yhteyksiä, osa IV*. Suomen Antroposofinen liitto.

Karman kahdet kasvot

Johdanto

Tarkastelen tässä esityksessä karman lakia *hyvityskarman* ja *kehityskarman* näkökulmista, jotka uskonnonfilosofian ja teologisen etiikan dosentti Leo Näreaho (2008) tuo esille artikkelissaan *Karman rautaiset lait.* Näreahon analyysi koskee lähinnä intialaisia ja buddhalaisia karman tulkintoja (ja sivuaa myös new age -ajattelua), mutta se on relevantti myös teosofian näkökulmasta. Teosofialla tarkoitan tässä yhteydessä luonnollisesti omaa tulkintaani teosofisista lähteistä. Esitän lopuksi muutamia Pekka Ervastin ohjeita siitä, kuinka karma on mahdollista voittaa.

Karman laki idän ajattelussa

Hyvityskarma

Hyvityskarmallisen käsityksen mukaan karma on maailmassa vaikuttava, ihmistä moraalisesti palkitseva tai rankaiseva syyn ja seurauksen laki. Karman laki toteutuu tämän tulkinnan mukaan luonnonlain välttämättömyydellä, joten yksikään tekoja tekevä olento ei voi välttää tekojensa seurauksia. Sana "karma" tulee sanskritista ja tarkoittaa teon tekemistä. Seuraukseen ei vaikuta pelkkä teko; myös teon taustalla olevat sisäiset syyt ja vaikuttimet ovat merkityksellisiä. Siten karma liittyy tekoihin, joilla on moraalinen luonne ja moraalisesti tulkittavia seuraamuksia. Lisäksi tekojen edellytyksenä ovat tietyt motiivit, halut ja uskomukset. Näreaho yhdistää teon moraalisen luonteen ja edellytykset puhumalla *karmallisesta teosta.* Intialaisessa perinteessä kuten teosofiassakin varsinaisten tekojen lisäksi myös ajatus ja puhe tulkitaan karmallisiksi teoiksi.

Edellä esitetystä seuraa, että on olemassa myös ei-karmallisia tekoja. Nämä ovat tekoja, jotka tehdään ilman haluja ja kiinnittymistä. Arkipäivän teot ovat tässä katsantokannassa karmallisesti neutraaleja, mikäli ne tehdään "takertumatta". Tähän voi tosin huomauttaa, että nykyaikana kannattaa miettiä tarkkaan, mitkä teot todella ovat neutraaleja tai edes "vähäkarmaisia" vaikkapa kulutustottumusten osalta.

Karmallisella teolla on aina seuraus, joka intialaisessa perinteessä hahmotetaan kahdenlaisena. Ensiksi, karmallinen teko aina jättää tekijäänsä sisäisen jäljen (jainalaiset esittävät, että karma on hienoa ainetta, joka "tarttuu" tekijäänsä). Se voi näkyä taipumuksena tai se voi vahvistaa jo olemassa olevaa taipumusta. Tämä on erittäin tärkeä näkökanta myös teosofisessa ajattelussa. Oikeastaan kaikki henkinen pyrkimys liittyy tähän: millaisia ominaisuuksia tahdon itsessäni kehittää tai vahvistaa? Seuraukset ovat varsin helposti nähtävissä jo tämän elämän aikana. Näreaho käyttää osuvasti ilmaisua *psykologinen karma*.

Karman toinen seuraus on varsinaisesti hyvityskarmallinen: hyvä teko tuottaa myönteisen seurauksen eli "palkkion" ja paha tai väärä teko kielteisen seurauksen eli "rangaistuksen". On helppo nähdä jälleensyntymisen merkitys itämaisessa ajattelussa: kaikkien tekojen seuraukset eivät toteudu yhden elämän aikana. Ihmisen karmallinen tase määrää, millaisiin oloihin sielu syntyy. Karma määrittää mm. ihmisen elämän pituuden ja kokemukset, joita ihmisellä elämässään on. Esimerkiksi buddhalaisen perinteen mukaan kaunainen ja vihainen henkilö syntyy seuraavassa elämässä rumaksi. Kitsaus erityisesti munkkeja kohtaan johtaa köyhään inkarnaatioon ja ylimielisyys syntymiseen alhaiseen sukuun. Tässä näkyy buddhalainen konteksti, jossa karmasta on opetettu. Esimerkiksi Suomessa on helpompi välttyä vakavan kitsauden seurauksilta, jos pysyy loitolla Valamon luostarista.

Karmalliset seuraukset voivat kypsyä eri aikoina. Näreahon tarkasteleman joogakoulukunnan mukaan seuraukset voivat toteutua jo tässä elämässä, jos teko on poikkeuksellisen hyvä tai paha (kuten toistuva vääryys oikeamielistä henkilöä kohtaan). Jos karmalliset seuraukset eivät toteudu tässä elämässä, on kolme vaihtoehtoa:

1. Seuraukset toteutuvat vähitellen useiden elämien kuluessa.

2. Seuraukset jäävät piileviksi, kunnes lopulta sopivat olosuhteet mahdollistavat niiden toteutumisen.

3. Seuraukset eivät enää toteudu, jos joogi on jo vapautunut karmasta.

Intialaisessa perinteessä ei Näreahon tulkinnan mukaan käsitellä karmallisia tekoja ja niiden seurauksia yksittäisinä hyvinä tai pahoina tekoina, vaan lähtökohtana on paremminkin kaikkien tekojen seurauksien yhteinen tase tai "velka". Tämä vaikuttaa järkevältä tulkinnalta myös teosofisen ajattelun kannalta.

Hyvityskarman ongelmia

Näreaho nostaa esiin kysymyksen, joka saattaa tulla monelle mieleen karmaa pohtiessaan. Nykyisen elämäni vastoinkäymiset tai kärsimykset ovat aikaisempien elämien karman tulosta. Mutta minä en muista aikaisempia elämiä enkä niiden tekoja, miksi minun pitäisi sitten olla niistä vastuussa? (Tosin, luullakseni harvempi on huolissaan siitä, onko hän ansainnut tämän elämän hyviä asioita.) Ongelmana on siis teon tekijän identiteetin säilyminen. Länsimaisen oikeuskäsityksen mukaan ihmisen on tiedettävä, mistä häntä rangaistaan. Uusi persoona ei tätä voi mitenkään tietää. Näreaho toteaa, että vastuunalaisuus – ilman yksilön omaa tietoisuutta vastuusta ja syyllisyydestä – on ongelmallinen.

Näreaho tuo esille ongelman ratkaisumahdollisuuden: hyvityskarman kannattaja voi kritiikkiin vastata, että ihminen muistaa inkarnaatioiden välitilassa aikaisempien elämien tapahtumia niin paljon, että hän ymmärtää aikaisemman karmallisen rankaisunsa mielekkyyden. Vastaus on kuitenkin Näreahon mukaan ongelmallinen, koska ihminen ei fyysisen elämänsä aikana kuitenkaan tiedä, mistä häntä rangaistaan. Toisin sanoen ihminen unohtaa kaiken ennen syntymää kokemansa. Teosofian esittämä ratkaisu Näreahon esittämään ongelmaan on oleellisesti sama kuin hänen esittämänsä ratkaisumahdollisuus. Uuden inkarnaation kynnyksellä ihminen näkee tulevan maaelämänsä ja korkeammassa tajunnantilassaan hyväksyy tulevan elämänsä karman, kuten hyvityskarman kannattaja sanoisi. Ihminen näkee syntymisen ja karmansakin armona, tilaisuutena yrittää uudelleen pyrkiä kohti täyden ihmisen ihannetta. Tästä näkökulmasta on erittäin hyvä asia, että ihminen ei muista aikaisempia pahoja tekojaan tai itse kärsimäänsä pahaa.

Kehityskarma

Kehityskarma ei ole ensisijaisesti palkitsemis- ja rangaistusmekanismi, vaan kosminen kehitysperiaate. Kehityskarma ohjaa tietoisten yksilöiden kehitystä yhä uudelleen toistuvien fyysisten inkarnaatioiden kautta. Uushindulaisen ajattelijan Sri Aurobindon (1872–1950) mukaan karman laki säätelee jumalallisten arvojen kehitystä: karma toimii siis kosmisena kasvatusperiaatteena. Tavoitteena on se, että sielu lopulta täysin ilmentää jumalallisia energioita.

Karmallisella prosessilla on siten Aurobindon ajattelussa päämäärä: evoluutioprosessin myötä ihmisessä toteutuvat arvot, jotka kuuluvat todellisuuden rakenteeseen samalla tavalla kuin luonnonlait. Voidaan myös nähdä, että evolutiivisessa karman laissa yhdistyvät jumaluuden kehitys- tai itsetoteutusprosessi ja toisaalta yksilöllisten sielujen kasvatusprosessi. Näkemys tulee hyvin lähelle teosofiaa. (Aurobindo oli tutustunut teosofisiin oppeihin; en kuitenkaan osaa arvioida, missä määrin teosofia vaikutti hänen ajatteluunsa.)

Näreaho esittää kehityskarmaa tarkastellessaan kysymyksen: mikä kehittyy? Teosofia antaa kysymykseen vastauksen: ihmisen korkeampi minä kehittyy inkarnaatioiden myötä.

Teosofinen käsitys karmasta ja sen toiminnasta

Karma on teosofian mukaan hyvä laki, joka takaa, ettei mikään henkinen ponnistus mene hukkaan. Usein karma esitetään myös niin, että se on sokean luonnonlain tajuton voima. Karman toimintaa tästä näkökulmasta luonnehtii osuvasti eräs sanonta: "Kylvö on vapaa, mutta sadonkorjuu pakollinen." Voidaankin sanoa, että teosofisissa karmakäsityksissä esiintyy sekä hyvitys- että kehityskarman piirteitä. Karmalla on siten teosofisessa ajattelussa kahdet kasvot.

Teosofiassa puhutaan *lipikoista*, karman herroista, jotka huolehtivat karman toteutumisesta. Karma toteutuu olemisen kaikilla eri tasoilla ja ihmiselämässä yksilön, ryhmän, kansan ja koko maailman tasolla. Voi vain kuvitella millainen monimuuttujaongelma kaikkien näiden tasojen karmallinen yhteensovittaminen on.

Teosofian näkökulmasta on mahdollista ymmärtää, miksi ajattelullakin on karmallisia seurauksia. Luonnollisesti siitä seuraa aiemmin mainittu psykologinen karma ajattelijalle itselleen. Ajatukset ovat teosofian mukaan energiaa omalla tasollaan, ja ne vaikuttavat ihmiskunnan aurassa ja sitä kautta toisiin ihmisiin. Ervast (1997) ottaa esimerkin: ihminen ajattelee huvikseen vaikkapa varkauksia, joista ei jää helposti kiinni. Ihmisellä itsellään ei välttämättä ole nyt kiusausta tehdä rikosta tekojen maailmassa, mutta hänen ajatusenergiansa voi vaikuttaa johonkin toiseen yksilöön, jolla tämä heikkous on. Ervast toteaa, että jos ja kun ajatuksemme vaikuttavat toisiin ihmisiin, seuraa siitä meille karmaa.

On tärkeää huomata, että rakennamme tulevaisuuttamme ajatuksillamme; ajatus on teon synnyttäjä. Tulemme sellaiseksi tulevaisuudessa, mitä nyt ajattelemme. Tämä on itse asiassa hyvä uutinen: ajatukset voivat olla hyviä ja kohottavia, jolloin niistä seuraa ajattelijalle hyvää karmaa. Hyvän karman tavoittelun ei tietenkään kannata olla hyvän ajattelun ja toiminnan motiivina; silloinhan hyvään liittyisi itsekkyyttä, josta taas ei seuraa kovin positiivista karmaa.

Karman lain *voisi* tulkita sitenkin, että jos joku kärsii, hän on sen ansainnut ja mikäpä minä olen sekaantumaan toisen karmaan. Ehkä idässäkin on tehty tällaisia tulkintoja. Oikeastaan ei tarvitse edes etsiä asiaan teosofista kantaa, vaan asian voi ratkaista jo terveellä järjellä. Jos meillä on mahdollisuus lievittää lähimmäisemme kärsimyksiä, meidän on se tehtävä; rakkaus ja myötätunto kehottavat meitä siihen. Toisaalta jos jätämme jonkun hyvän työn tekemättä, on sekin karmallinen teko, josta on omat seurauksensa.

Karman voittaminen

Karmasta vapautumisessa nousee keskeiseksi asiaksi anteeksianto. Karma kyllä toteutuu siinä mielessä, että saamme hyvityksen meille tehdystä pahasta, mutta karman kehä ei katkea. Jos vaadimme oikeutta edes salaisesti, karmalliset voimat antavat meille oikeutta samalla mitalla, jolla itse mittaamme. Mutta jos osaamme antaa sydämestämme anteeksi, niin silloin karma loppuu ainakin meidän osaltamme. Jeesus esittää Vuorisaarnassa asian niin, että me emme saa Isältä (tai Elämältä) anteeksi, ellemme itse osaa antaa toisille anteeksi. Anteeksiannon vaikutuksen voi kokea jo tässäkin elämässä sekä itsessään että toisissa. Kenties eräänä pahan vastustamattomuuden avaimena on juuri anteeksianto. Ehkä on myös niin, että anteeksiantaminen ja rakkauskykymme ovat syvällisessä yhteydessä toistensa kanssa.

Persoonallisuus meissä hieman pelkää karmaa, koska tiedämme, että se voi merkitä kärsimyksiä. Karmalla on helposti vivahde jostakin ikävästä, jota emme oikeastaan haluaisi omalle kohdalle sattuvan. Kenties karman voisi nähdä ystävänä, joka voi auttaa meitä luopumaan itsekkyydestämme. Siihen vain ei ole kovin helppo päästä, koska persoonallisen onnen kaipuu on syvällä meissä. Tässä on hyvä muistaa Ervastin opetus, jonka mukaan karmaa ei välttämättä tarvitse kärsimällä tasapainottaa. Voimme voittaa karman kiinnittämällä huomiomme hyvään, tuomalla rakkautta maailmaan. Tämä on sopusoinnussa Buddhan kauniin mietelauseen kanssa:

Luopua kaikista pahoista teoista, aikaansaada kaikkea hyvää, puhdistaa sydämensä – tämä on Buddhain ainainen ohje.

Esitän vielä lopuksi otteita Ervastin teoksesta *Jumala ja onni*, joka tuo karman voittamiseen esoteerisen kristinuskon näkökulman:

Ja mikä on karma? Karma on meidän vanhoja velkojamme. Mitä nyt tulee tehdä vanhoille veloille? Ne pitää maksaa. Mutta velkojen maksaminen on ikävä ja raskas velvollisuus silloin, kun olemme köyhiä... Ja köyhiä olemme, niin kauan kuin emme tiedä, mitä elämä on... Jos äkkiä olemme tulleet rikkaiksi, on velkojen maksu hauskaa, silloin se ei tunnu miltään suurissa pääomissamme.

Samassa asemassa on ihminen silloin, kun hän ottaa vastaan Jumalan valtakunnan ja tulee sisäiseen suhteeseen elämän henkeen ja totuuteen... Ja kun hän on silloin niin mahdottoman rikas, kuinka hän voisi olla muuta kuin iloinen ja kiitollinen kaikista velkojenkin maksusta? Mitä ne ovat? Mitä kärsimykset merkitsevät hänelle? Hänhän on niin rikas. Velka ei merkitse hänelle mitään. Hänen sielunsa on täynnä riemua ja onnea ja autuutta ja rauhaa. Kärsimykset, vastoinkäymiset, nöyryytykset, kaikki ne ovat hänelle paljasta onnea vain.

Lähteitä

Ervast, Pekka (1923). *Jumala ja onni*. Ruusu-Risti. Saatavilla internetistä osoitteesta http://www.pekkaervast.net/teokset/.

Ervast, Pekka (1997). *Pekka Ervast vastaa kysymyksiin*. Ihmisyyden tunnustajien julkaisuja nro 38. Ihmisyyden tunnustajat, Saarijärvi. Saatavilla internetistä osoitteesta http://www.pekkaervast.net/teokset/.

Näreaho, Leo (2002). *Rebirth and Personal Identity. A Philosophical Study on Indian Themes*. Schriften der Luther-Agricola-Gesellschaft 53. Helsinki.

Näreaho, Leo (2008). Karman rautaiset lait. Teoksessa Tapio Tamminen (toim.): *Guruja, joogeja ja filosofeja* – Intian filosofiaa, s. 125–53. WSOY.

Uusi uskonpuhdistus?

Itse tie on jo valtakunta. (Mika Waltari, *Valtakunnan salaisuus*)

Johdanto

Eksegetiikan huipputukija, emeritusprofessori Heikki Räisänen tuo esille kuinka varhaisilla kristityillä oli varsin erilaisia näkemyksiä siitä, mitä kristinusko oikeastaan on ja mitkä ovat sen keskeiset opit (Räisänen, 2011). Alkukirkko oli siten aidosti moniääninen. Myöhemmin valtion kirkoksi muodostuneen kristinuskon opit saivat ekumeenisissa synodeissa eli kirkolliskokouksissa muotonsa; nykyisten kirkkojen näkökulmasta tätä prosessia kuvataan kamppailuna hereetikkoja eli harhaoppisia vastaan. Erityisesti katolinen kirkko näki paljon vaivaa heresioiden kitkemiseksi myös väkivalloin; tämän saivat kokea mm. erilaiset gnostilaiset virtaukset.

Martti Luther teki uskonpuhdistuksen, joka ainakin protestanttien mielestä toi esille kaiken oleellisen kristinuskosta: pelastuminen tapahtuu yksin armosta (*sola gratia*) ja uskosta (*sola fide*). Useimmat kirkot ovat sitä mieltä, että ilman uskoa Jeesuksen sijaissovitukseen pelastus ei ole mahdollinen, vaikka tekojen merkityksestä esiintyykin erilaisia tulkintoja. Lisäksi nykyiset valistuneet kristityt voivat sanoa, että ymmärrämme kristinuskoa paljon paremmin kuin varhaiset kristityt, koska käytössämme on kirkkojen 2000-vuotisen tradition lisäksi Raamatun tieteellinen tutkimus. Olisi siis perusteita ajatella, että oppi on jo puhdas. Miksi uusi uskonpuhdistus olisi ollenkaan tarpeellinen? Teen vastakysymyksen. Onko kirkkojen käsitys kuolemanjälkeisistä tapahtumista tosi: odottaako ihmistä kuoleman jälkeen perimmiltään joko taivas tai ikuinen kadotus*? Ruusuristiläisestä näkökulmasta vastaan tietenkin, että kyseinen käsitys on virheellinen (näin

---

* Kirkkojen kesken – ja luterilaisen kirkon sisälläkin – on kuolemanjälkeisten tapahtumien luonteesta erilaisia käsityksiä (ks. esimerkiksi Kari Kuulan *Helvetin historia*). Oleellista tässä on kuitenkin se, että kristinuskon eri versioissa ihmisen lopullinen kohtalo on joko pelastus tai kadotus.

toki ajatellaan monessa muussakin maailmankatsomuksessa). *Jos* kirkkojen käsitys on näin keskeisessä asiassa virheellinen, uskonpuhdistus on erittäin tarpeellinen.

Pekka Ervastin ehkä keskeisin työ oli esoteerisen kristinuskon, erityisesti sen Vuorisaarnaan perustuvan etiikan esittäminen. Ajattelen, että Ervastin esittämät tulkinnat perustuivat hänen henkiseen kokemukseensa ja tietoonsa. Toisaalta teosofisen liikkeen perustaja Helena Blavatsky oli antanut teosofeille ohjeen puhdistaa oma uskontonsa. Ervastin työn voi nähdä juuri tältä kannalta jo 1800-luvun lopulta alkaen, vaikka hän varsinaisesti alkoi puhua uudesta uskonpuhdistuksesta vasta vuonna 1930. Ervast kuvasi asiaa seuraavasti (Ervast, 1986, s. 215): "…tuleva tapahtuma [uskonpuhdistus] on kuin suuri elämänpyörä näkymättömissä, joka jo pyörii ja lähestymistään lähestyy."

Ervast piti uskonpuhdistuksesta useita luentosarjoja, jotka myöhemmin toimitettiin kirjoiksi *Kirkko-ekleesia*, *Uusi uskonpuhdistus* ja *Ruusu-Ristin erikoistehtävä*. Myös Ervastin "joutsenlaulu", Yhdysvalloissa kirjoitettu *Suuri seikkailu*, käsitteli kristinuskon uskonpuhdistusta. Voi hyvällä syyllä sanoa, että kyseessä oli Ervastin viimeisten vuosien merkittävin teema. Tämän kirjoituksen tarkoituksena onkin luonnehtia Ervastin esittämän uuden uskonpuhdistuksen ääriviivat ja sen jälkeen katsoa, onko nykyajassa mitään merkkejä uuden uskonpuhdistuksen "suuren elonpyörän" vaikutuksesta. Tarkastelen tässä mielessä erityisesti dosentti Kari Kuulan *Kotona kristinuskossa* -teosta ja pastori Antti Kylliäisen ja emerituspiispa Wille Riekkisen ajatuksia *Uskon kintereillä* -kirjekokoelman pohjalta.

Uuden uskonpuhdistuksen ääriviivat

Ervastin mukaan Martti Lutherin uskonpuhdistus sai alkunsa korkeasta rosenkreutsilaisesta inspiraatiosta, mutta Lutherin uskonpuhdistus jäi kesken. Ervast totesi, että kirkot käyvät ihmiskunnalle tarpeettomiksi, elleivät ne tahdo ottaa osaa uuteen uskonpuhdistukseen, joka tulee koskemaan enimmäkseen opillisia asioita. Uuden uskonpuhdistuksen keskeisiä kysymyksiä ovat oppi ikuisesta kadotuksesta ja se, mitä todella on kristinusko.

Nykyinen kristinusko pitää Vanhaa ja Uutta testamenttia Jumalan ilmoituksena. Tämä on kuitenkin ongelmallista, koska Jumala näyttäytyy kovin erilaisena Vanhassa ja Uudessa testamentissa. Vanhan testamentin kostava

Jahve julmine käskyineen (esimerkiksi kansanmurhat, tottelemattomien lasten kivittäminen ja homoseksuaalien tappaminen*) ei voi mitenkään olla sama kuin Jeesuksen kaikkia rakastava Isä. Ervastin mukaan uudessa uskonpuhdistuksessa olisikin tehtävä selvä ero Vanhan ja Uuden testamentin välillä. Toki Vanhassa testamentissa on paljon kaunistakin, mutta siinä on paljon sellaista, jota tuskin kukaan hyväksyisi ilman jumalalliseksi uskomaansa vakuutusta.** Totean vielä, ettei kannata tehdä arviota juutalaisuudesta Vanhan testamentin ikävien puolien perusteella.***

Kirkolliskokouksissa muotoiltiin nykyisen kristinopin perusteet. Ervastin kanta on tässä asiassa varsin jyrkkä: kirkolliskokouksissa syntyneet päätökset ovat syntyneet tietämättömyydestä; näin siitä huolimatta, että päätöslauselmat muotoiltiin alkusanoilla "Pyhä Henki ja me olemme päättäneet". Kirkolliskokousten dogmien sijasta olisi palattava Jeesus Kristuksen omaan opetukseen.

Kuten johdannossa todettiin, kuolemaa ja erityisesti ikuista kadotusta käsittelevien oppien osalta uskonpuhdistuksen tarve on erityisen suuri. Räikeimpänä tapauksena Ervast pitää joidenkin kirkkoisien ja myöhempienkin saarnaajien opetusta, jonka mukaan pelastuneiden uskovien autuus lisääntyy, kun he saavat nähdä kadotuksessa kärsivät sielut. Tämän ansiosta he kuulemma saavat huomata, kuinka suuri on Jumalan vanhurskaus (mm. Tuomas Akvinolainen argumentoi tähän tapaan *Summa Theologia* -teoksessaan). Mitä ikuisen kadotuksen tilalla sitten pitäisi opettaa? Kuten Ervast sanoo: mieluiten totuus; tosin tämän kirjoittaja ilman muuta myöntää, että

---

*   Ks. esimerkiksi Wikipedian artikkeli https://fi.wikipedia.org/wiki/Kuolemantuomio_Raamatussa.

**   Jos Vanhan testamentin julmat käskyt esitettäisiin eri kontekstissa, vaikkapa viikinkien jumaltarujen opetuksina, arvostelukyvyltään terve ihminen näkisi ne ilman muuta mahdottomina hyväksyä (esimerkki ei ole itse keksimäni). Varsin tunnettu teologi William Lane Craig esittää, että kaikki Vanhan testamentin julmatkin käskyt olivat eettisiä, koska Jumala on kaiken etiikan lähde! Hän kyllä toteaa, että esimerkiksi kansanmurhaan yllyttävät käskyt olivat silloiseen historialliseen tilanteeseen annetut; niitä ei saa enää omin päin soveltaa.

*** Monien rabbien tulkinta Vanhan testamentin käskyistä ja tapahtumista on usein symbolinen ja hyvin inhimillinen; aiheesta lisää mainiossa kirjassa, jonka kirjoittaja kuvaa kokemuksiaan Raamatun kirjaimellisesta noudattamisesta yhden vuoden ajan (Jacobs, 2011).

totuuden *tietäminen* tässä asiassa on jossain määrin kiistanalainen (Ervastin kuolemaopetukset on esitetty mm. teoksessa Marjanen ym., 2016).

Oppi Jumalan armosta lienee tärkein yksittäinen kristillinen oppi. Se on varsin helppo ymmärtää teologian valossa: armoa tarvitaan, jotta ihminen epätäydellisenä olentona välttyisi kadotukselta. Armo tulee ihmisen osaksi uskon kautta ja usein sanotaan, että täytyy uskoa Jeesuksen sovitustyöhön ristillä. Ervast ei torju armon käsitettä, vaan pitää sitä hyvin syvänä ja todellisena. Ervastin mukaan se tarkoittaa autuutta ja iloa, jota ihminen voi kokea, kun hän pääsee osalliseksi Kosmisen Kristuksen tajunnasta. Ruusuristiläisessä tulkinnassa tällä tarkoitetaan jumalallista tajuntaa, joka on kaiken olemassaolon takana ja joka pyrkii ilmenemään kaikissa elävissä olennoissa. Vanhan liiton aikana kristustajunnan saavuttaminen oli hyvin vaikean tien takana ja vain harvojen poikkeusyksilöiden saavutettavissa. Jeesuksen avaaman uuden tien ansiosta jokainen ihminen voi saavuttaa sen.

Ervast tarkastelee uuden uskonpuhdistuksen yhteydessä oppia armonjärjestyksestä (*ordo salutis*), jota on opetettu luterilaisuuden piirissä, erityisesti pietismissä. Sen mukaan uskonelämä etenee tietyssä järjestyksessä[*]. Armonjärjestyksen idea tunnetaan jo 1700-luvulta lähtien, ja sen vaiheita ovat kutsu, valaistuminen, kääntymys, vanhurskauttaminen, uudestisyntyminen, unio mystica ja uudistuminen (Pitkänen, 2013). Pietismissä on korostettu, että armonjärjestys voidaan kokea psykologisena prosessina ja havaita empiirisesti. Armonjärjestyksen vaiheiden lukumäärästä esiintyy vaihtelevia esityksiä. Ervast tarkastelee viittä vaihetta, jotka muodostavat pyhityksen tien:

1) kutsumus
2) mielenmuutos eli herääminen
3) vanhurskauttaminen
4) uudestisyntyminen
5) kirkastus.

---

[*] Myös ortodoksisessa traditiossa esitetään mielestäni syvällinen näkemys ihmisen jumalallistumisprosessista (theosis), jossa vaaditaan synergiaa eli Jumalan armovoimaa ja ihmisen kilvoittelua sydämen puhtauden saavuttamiseksi (ks. esimerkiksi Toiviainen, 1988).

Ervast toteaa, että tavallinen käsitys on, että uskossa ei ole mitään asteita. Näyttää siltä, että näin usein ajatellaan myös nykyaikana. Vaikka luterilaisen dogmatiikan pyhityksen asteet ovat käytännössä identtiset Ervastin esittämän ruusuristiläisen tien "asteiden" kanssa, tulkinnat poikkeavat toisistaan melkoisesti. Pyhityksen tiellä on Ervastin mukaan keskeinen asema myös uudessa uskonpuhdistuksessa. Pyhityksen tien ensimmäisessä vaiheessa, kutsumuksessa, ihminen etsii totuutta. Tähän kuuluu Ervastin tulkinnassa se, että ihminen tutkii maailman uskontoja. Toisiin uskontoihin ("pakanoihin") suhtautuminen oli vielä viime vuosisadan alussa kristillisessä maailmassa alentuvaa ja vähättelevää. Ervastin mielestä kirkkojen on tunnustettava, että kaikki suuret uskonnot ovat arvokkaita. Ervast painottaakin, että tie Kristuksen ymmärtämiseen käy vain toisten uskontojen kautta (Ervast, 1987, Alkusana kolmanteen painokseen):

> *Täydellä syyllä voidaan sanoa, ettei kukaan tule Kristuksen luo, joka ei ole istunut Buddhan, Zarathustran y.m. viisaiden jalkojen juuressa. Kristityt tutkijat luulevat joskus kykenevänsä arvostelemaan – ja tuomitsemaan – toisia uskontoja ilman, että ovat niissä koko sielullaan eläneet. He erehtyvät, ja mikä pahinta on: he eivät tunne omaakaan mestariaan.*

Ihminen saa toisessa vaiheessa, mielenmuutoksessa eli heräämisessä, nähdä Kosmisen Kristuksen eli Jumalan Pojan salaisuuden aivan kuten Paavali Damaskoksen tiellä. Jumalan Poika on suuri Elämä kaiken näkyvän takana. Vasta heräämisen jälkeen ihmisestä tulee kristitty; sitä ennen hän on ollut kutsuttu totuudenetsijä, joka on etsinyt totuutta koko elämällään. Tämä elämällä etsiminen tarkoittaa tässä yhteydessä Jeesuksen Vuorisaarnan viiden elämänohjeen noudattamista, jotka lyhyesti lueteltuna ovat:

1) **Älä suutu.** Ohjeen noudattaminen kasvattaa mielentyyneyttä ja hyvyyttä.

2) **Älä ole ajatuksissakaan epäpuhdas.** Ohjeen noudattaminen kasvattaa sydämen puhtautta.

3) **Älä vanno, vaan ole aina rehellinen.** Ohjeen noudattaminen kasvattaa totuudellisuuteen sanoissa ja teoissa.

4) **Älä vastusta pahaa.** Ohjeen noudattaminen kasvattaa rauhanrakentajaksi.

5) **Älä sodi, vaan rakasta kaikkia.** Ohjeen noudattaminen kasvattaa ihmiskunnan palvelijaksi.

Erityisen tärkeässä asemassa on neljännen käskyn eli pahanvastustamattomuuden hengen sisäistäminen. Symbolisessa romaanissaan *Suuri seikkailu* Ervast antaa tästä professori Batoryn sanoa (s. 201):

> *Te tiedätte: pahan vastustamattomuuden käsky. Se on kulmakivi… Tulkoon pyrkijä mistä uskonnosta tahansa, – jos hän ymmärtää ihmisen oikean suhteen pahaan, hän on tiellä Kristuksen luo, vaikkei olisi koskaan kuullut puhuttavan kristinuskosta.*

Tämä ei tarkoita sitä, että ihmisen pitäisi olla täydellinen saavuttaakseen heräämisen eli nähdäkseen Jumalan Pojan salaisuuden. Ervastin mukaan ihminen ei voi tulla täydelliseksi ilman Kristusta; tässä on samankaltaisuutta kirkkojen opetuksen kanssa. Tosin ruusuristiläisessä ajattelussa Kristus eli Jumalan Poika ei ole sama kuin Jeesus. Jeesus oli ensimmäinen ihminen, jossa Jumalan Poika inkarnoitui täydellisesti. Jokainen ihminen on sisimmässä Itsessään Jumalan Poika, osa Kosmisen Kristuksen ikuista elämää.

Kolmantena vaiheena on vanhurskauttaminen, joka tapahtuu pistiksen eli uskon kautta. Siis jälleen Ervast näyttää esittävän asian samalla tavalla kuin kirkot. Ervast ei kuitenkaan tarkoita pistis-uskolla joidenkin opinkappaleiden totena pitämistä*, vaan usko on heränneen ihmisen elämää Kosmisen Kristuksen läheisyydessä. Toiselta kannalta katsottuna usko on korkeamman minän heräämisestä seurannut henkinen kyky tai ominaisuus.

Seuratessaan Vuorisaarnaa vanhurskauttamisen tiellä ihminen ei keskity ajattelemaan, että hänen täytyisi persoonallisuutena loistaa ja saavuttaa hyveitä: "minun asiani on vain yhtä mittaa kulkea Jeesuksen Kristuksen jäljessä, aina väsymättä" (Ervast, 1953). Kyseessä ei ole siis persoonallisuuden korottamisen tie, vaan persoonan kannalta luopumisen tie.

Kun ihminen on kulkenut vanhurskauttamisen tiellä tiettyyn mittaan saakka, hänessä tapahtuu uudestisyntyminen (neljäs vaihe), jonka jälkeen hänessä elää Jumalan Poika. Paavalin sanoin: "…ja minä elän, en enää minä, vaan Kristus elää minussa" (Gal 2:20). Ervast vertaa uudestisyntymistä

---

* Itse asiassa myös luterilaisuudessa erotetaan uskon kaksi puolta: usko, joka uskotaan (fides quae creditur) ja usko, jolla uskotaan (fides qua creditur).

Jeesuksen kastekokemukseen, joka avaa tien kirkastuksen vuorelle. Pyhityksen viides vaihe eli kirkastus on Kristuksen kaltaiseksi tulemista; se on myös kirkastusta samaan tietoon, joka Kristuksella on. Pyhityksen tien kuvailu päättyy kirkastukseen; toki kristusihmisen tie jatkuu kirkastuksen jälkeen, kuten Uuden testamentin tapahtumista voidaan päätellä.

Tarkastelen seuraavaksi merkkejä Ervastin esittämästä uskonpuhdistuksesta Suomen luterilaisessa kirkossa.

Kotona kristinuskossa

Pastori, Uuden testamentin eksegetiikan dosentti Kari Kuula on uskonpuhdistuksen kannalta hyvin kiinnostava kristillinen teologi. Hänen kirjansa *Kotona kristinuskossa* sisältää paljon asioita, jotka ovat tämän artikkelin näkökulmasta relevantteja. Otan esille muutamia teemoja, jotka ovat Ervastin esittämän uuden uskonpuhdistuksen ääriviivojen kannalta tärkeitä. Suosittelen, että kiinnostunut lukija perehtyy itse kirjaan tarkemmin.

Kuula tarkastelee kirjan alkupuolella suuria uskontoja. Hän hyväksyy lähtökohdaksi sen, että uskontoja on syytä tarkastella suopeasti ja uskoa niistä hyvää. Kunkin uskonnon olemus paljastuu parhaiten silloin, kun kiinnitetään huomio sen parhaisiin edustajiin, ihanteisiin ja oppeihin. Kuula esittää, että "maailmanuskonnoissa on totuuden säteitä ja siemeniä". Toisten uskonnon esikuvallisista ihmisistä hän toteaa, että jotkut heistä "ovat päässeet poikkeuksellisiin syvyyksiin jumalatietoisuudessaan" ja he "ovat yltäneet etiikan ja rakkauden suurtekoihin". Kuula kertoo näkevänsä kaikki ihmiset veljinään ja sisarinaan myös uskonnollisessa mielessä. Nämä ovat mielestäni aitoon kunnioitukseen perustuvia lähtökohtia; juuri sellaisia, joita Ervast esitti sata vuotta aikaisemmin. Tähän liittyen suosittelen tutustumaan myös suuria uskontoja käsitteleviin koulukirjoihin, joiden lähtökohtana on neutraali uskontotieteellinen tutkimus. Koulukirjojen tavoitteena on esittää asiat niin, että kunkin uskonnon harjoittaja voi hyväksyä esityksen. Suhtautuminen toisiin uskontoihin on muuttunet huomattavasti parempaan suuntaan Ervastin ajoista.

Kuulan mukaan kristinusko on inklusiivista: se sulkee sisäänsä kaikki ihmiset, myös ne, jotka eivät ole kristittyjä. Tätä Kuula perustelee sillä, että kaikilla ihmisillä on samanlainen mahdollisuus hyvään elämään ja kyky elää yhteydessä korkeimpaan eli *jumalkykyisyys*. Näin ollen ei-kristitytkin voivat elää Jumalan yhteydessä ja saavuttaa ihmisyyden päämäärän. Kuula korostaa, että huomio ei ole hänen omaa keksintöänsä, vaan edustaa laajempaa 1900-luvulla alkanutta teologista kristinuskon ymmärrystä. Vastakkainen näkemys on eksklusismi, jonka mukaan tie taivaaseen avautuu *vain* turvaamalla Jeesus Kristukseen; tämä on se perinteinen kristinuskon tulkinta. Ehkä hieman yllättäen Kuula tuo esille, että selvimmin eksklusismin on torjunut katolinen kirkko, joka on monessa asiassa mieluumminkin vanhoillisuuden linnake kuin edistyksen airut. Monet protestantitkin ovat hyväksyneet inklusiivisen tulkinnan, mutta sitä ei ole vielä kovin selvästi saarnattu kansalle; Kuulan kirja on asiasta loistava poikkeus.

Kotona kristinuskossa sisältää kiinnostavaa pohdintaa kuolemasta ja pelastuksesta. Kuula kannattaa koulukuntaa, jossa korostetaan ihmiseksi kasvamisen prosessiluonnetta. Tässä katsantokannassa on epäuskottavaa ajatella, että ihminen tulisi kuoleman jälkeen välittömästi täydelliseksi; olisiko hän enää ollenkaan sama ihminen? Kyseessä on siten klassinen persoonallisuuden jatkuvuuden ongelma. Kuula kannattaa hengellistä traditiota, jonka mukaan kuolemanjälkeisessä elämässä "kaikella eletyllä on merkitystä niin hyvässä kuin pahassa". Tässä yhteydessä hän mainitsee kiirastuliopin, jonka mukaan ihmisen on ensin puhdistuttava pahasta ja eheydyttävä, ennen kuin hän voi ottaa vastaan Jumalan läheisyyttä; tämä käsitys on täysin uuden uskonpuhdistuksen mukainen. Kuula suhtautuu varovaisen myönteisesti kirkkoisä Origeneen esittämään apokatastasis-oppiin eli oppiin kaiken ennalleen palauttamisesta, jossa kaikki ihmiset lopulta pelastuvat. Ikävä kyllä useimmat kristityt eivät (vielä) voi hyväksyä kaikkien pelastusta.

Kuula tarkastelee Raamattua kriittisesti, erityisesti tiettyjä Vanhan testamentin piirteitä. Hän pitää uhraamista, puhtautta, ruokia yms. tapoja ja säädöksiä esi-isiltä perittyinä maagis-taikauskonnollisina tapoina, jotka eivät ole Jumalan varta vasten säätämiä. Vanha testamentti sisältää syvällisiä ja kauniita elämänohjeita, mutta myös epäinhimillisiä tapoja ja käytäntöjä. Kuulan mukaan Jumala ei ole antanut eikä määrännyt käskyjä esimerkiksi homoseksuaalien tappamiseen, orjuuden hyväksymiseen tai sukupuolten väliseen epätasa-arvon ylläpitämiseen. Kertomusta Kanaanin maan kansanmurhasta Kuula pitää esimerkkinä vanhatestamentillisen uskontradition raadollisuudesta, ja toisaalta epätotena sekä historiallisin että teologisin perustein. Jumala ei käske hyökkäyssotaan* eikä kansanmurhaan.

---

*   Voidaan tietysti kysyä, käskeekö Jumala mihinkään sotaan.

Kuulan mukaan Vanha testamentti kuvaa Jumalan ihmisenkaltaiseksi langenneeksi despootiksi. Hän pitää masentavana sitä, kuinka kritiikittömästi kristikunta on suhtautunut kertomuksiin, joissa Jumala käskee tappamaan harhaoppiset tai tekemään muita kauheuksia. Vanhan testamentin lait ovat Kuulan tulkinnassa ihmisten tekemiä, eikä niitä ole saneltu suoraan ylhäältä. Ne vain esitettiin Jumalan auktorisoimina. Kaikki Raamatusta löytyvä ei ole pyhää eikä totta, vaan "ihmiset ovat projisoineet oman kovuutensa Raamatun sivuille". Näyttää siltä, että Kuulan Vanhaan testamenttiin kohdistama kritiikki on varsin yhdenmukainen Ervastin esittämän kritiikin kanssa.

Uskon kintereillä

Pastori Antti Kylliäinen herätti runsaasti huomiota julkaisemalla vuonna 1997 kirjan *Kaikki pääsevät taivaaseen – välttämättömiä korjauksia kristillisiin opinkohtiin*. Kylliäisen pääteesi kirjassa oli, että Jumalan rakkaus ja oppi ikuisesta kadotuksesta ovat sovittamattomassa ristiriidassa keskenään. Hän päätteli, että kaikkien on uskontoon, uskoon, ajatuksiin tai tekoihin katsomatta päästävä taivaaseen ja siten esitti, että luterilaisen kirkon oppia on muutettava. Hän tuli suoraan toteuttaneeksi Ervastin esittämää uutta uskonpuhdistusta sen kaikkein tärkeimmässä kohdassa. Koska Kylliäinen oli luterilaisen kirkon pastori, hän joutui kirjansa teesien vuoksi tiukkoihin keskusteluihin piispansa kanssa. Mutta Kylliäinen ei antanut periksi: hän jatkoi rohkeasti ajatuksiensa esiintuomista piispa Wille Riekkisen (nykyisin emerituspiispa) kanssa käymässä kirjeenvaihtoon perustuvassa kirjassa *Uskon kintereillä*. Kirjassa on useita kiinnostavia ajatuksia liittyen uuteen uskonpuhdistukseen.

Mikä on Kylliäisen mielestä kirkon tehtävä? Se on ennen kaikkea palvella ihmisiä, jakaa armoa ja rakkautta jokaiselle tarvitsevalle, puolustaa heikkoja ja sorrettuja, lohduttaa murheellisia; lyhyesti sanottuna rakentaa Jumalan valtakunta maan päälle. Kylliäinen toteaa, että ellei kirkko kykene täyttämään paikkaansa, se käy tarpeettomaksi.

Kylliäinen ja Riekkinen pohtivat ihmistä ja hänen suhdettaan pahaan. Kylliäinen esittää, ettei hän ole koskaan ajatellut ihmisen olevan paha, vaikka ihminen selvästi kykenee pahuuteen. Kylliäinen kiistää perinteisen luterilaisen opetuksen, jonka mukaan ihminen on läpeensä paha ja turmeltunut. Saatanaa hän pitää huonona pahuuden selityksenä. Riekkinen on samaa mieltä ja esittää, että usko Saatanaan persoonallisena pahana on defenssimekanismin tulos, yritys ulkoistaa ihmisessä itsessään oleva pahuus. Kuinka pahaan tulisi Riekkisen mielestä suhtautua? Pahuuden edessä ei tule antautua, vaan paha on mahdollista voittaa ja kääntää hyväksi hyvää tekemällä. Riekkinen vetoaa Vuorisaarnaan, jossa kehotetaan rakastamaan myös vihamiestä. Riekkisen mukaan Vuorisaarna "tunnustetaan tänäkin päivänä kaikkea ihmisyyttä koskeviksi huippuvaatimuksiksi, mutta niitä ei vieläkään toteuteta". Kysymys Vuorisaarnan seuraamisesta kristityn elämän keskeisimpänä asiana lienee kuitenkin vaikea luterilaisessa teologiassa; uskoakseni asia on helpompi hyväksyä ortodoksisessa traditiossa (samoin kuin katolisessakin), jossa kilvoittelulla on tunnustettu asema.

Lutherin uskonpuhdistuksessa haluttiin päästä eroon katolisen kirkon keksimistä räikeistä opeista, joilla mm. oikeutettiin anekauppa. Luther korosti Raamattua ainoana lähteenä (*sola scriptura* eli Raamattu on kirkon opin ainoa normi). Riekkinen ja Kylliäinen kyseenalaistavat tämän periaatteen riittävyyden: tarvitaan entistä enemmän omantunnon ääntä, järjen käyttöä ja elämän puolelle asettumista (yhtenä konkreettisena esimerkkinä on asteittainen muutos, joka on tapahtunut kirkon suhtautumisessa homoseksuaalisuuteen). Akatemiaprofessori, kosmologi Kari Enqvist totesi tarkkanäköisesti kirjassaan *Uskomaton matka uskovien maailmaan*, mihin raamatullisuuden korostaminen voi johtaa: näyttää kuin jotkut kristityt eivät itse asiassa uskoisi Jumalaan; sen sijaan heidän uskonsa kohdistuu Raamattuun ja sen kirjaimelliseen tulkintaan.

Riekkinen pohtii varsin myönteiseen sävyyn apokatastasis-oppia. Riekkinen esittää, että ilmeisesti apokatastasis-opin kieltäjien mielestä helvettiin menijöitä täytyy olla riittävän paljon. Hän jatkaa ironisesti: "Jos meistä olisi kiinni, niin taivaaseen ei pääsisi juuri kukaan. Tai ainakin meitä olisi hirvittävän vähän!"

Epäilen, että jos Kylliäinen ja Riekkinen olisivat esittäneet ajatuksensa sata vuotta sitten, he olisivat menettäneet pappisoikeutensa. Joskus tuntuu siltä kuin Suomen luterilainen kirkko olisi tietyissä asioissa muuttunut niin paljon, että on vaikea edes tunnistaa vanhaa ja nykyistä kirkkoa samaksi. Uuden uskonpuhdistuksen kannalta muutos on ollut pääsääntöisesti hyvää.

Johtopäätöksiä

Uusi uskonpuhdistus on ajankohtainen ja se näyttää hiljalleen etenevän ainakin Suomen luterilaisen kirkon piirissä. Tällaisen vaikutelman saa, kun tutkii edellä esitettyjä kirkon ajattelijoita. Selvää muutosta on tapahtunut Ervastin ajoista monessa kysymyksessä: suhtautuminen toisiin uskontoihin on tullut huomattavasti veljellisemmäksi, Vanhan testamentin auktoriteetti ja kadotusoppi on kyseenalaistettu ja jopa Vuorisaarnan merkitystä on tuotu esiin. Samalla on todettava, että vaikka uudesta uskonpuhdistuksesta on selviä merkkejä, ne eivät vielä kovin selvästi kuulu kirkkojen saarnastuoleista. Tässä suhteessa Ervastin ennustus näyttää osittain toteutuneen: jos kirkot eivät tahdo tehdä uutta uskonpuhdistusta, ne käyvät tarpeettomiksi. Ihmiset eroavat eri syistä kirkosta (joidenkin mielestä kirkko on liian konservatiivinen ja joidenkin mielestä se on liian liberaali), kirkossa kävijöiden määrä on vähentynyt ja rippikoulun käyminen on joillakin paikkakunnilla selvästi vähentynyt. Ihmiset äänestävät jaloillaan. Ehkä nykyihmiset ovat haluttomia sitoutumaan mihinkään kirkkoon tai henkiseen liikkeeseen (myös teosofisen liikkeen jäsenmäärä on Ervastin ajoista laskenut).

Ervast asetti uuden uskonpuhdistuksen Ruusu-Ristin erikoistehtäväksi. Olin silti pitkään ajatellut, että kirkkojen piirissä tapahtuva uusi uskonpuhdistus on mahdotonta. Kokemukseni on, että monet ruusuristiläiset ja teosofit ajattelevat, että kirkot ovat jo tiensä valinneet eikä niihin voi enää vaikuttaa. Esimerkiksi on hyvin vaikea nähdä, että kirkot omaksuisivat jälleensyntymisopin; sille ei ole oikein kristinuskon itseymmärryksessä historiallista pohjaa. Jälleensyntymisoppi voi hyvinkin olla luonnon tosiasia kuten teosofia opettaa, mutta se on kirkkojen historiassa kuulunut ainoastaan harhaoppisiksi tuomittuihin gnostilaisiin virtauksiin. Sen sijaan oppi kaikkien pääsemisestä taivaaseen voisi olla kirkkojen ulottuvilla, kuten erityisesti Kylliäisen esimerkki osoittaa.

On selvää, että kirkot eivät tule tekemään uutta uskonpuhdistusta vain sen vuoksi, että Ervast tai ruusuristiläiset niin toivovat. Ervast kuitenkin toi esille, että uusi uskonpuhdistus on välttämätön ja sen inspiraatio on olemassa näkymättömässä maailmassa. Ervastin keskeinen opetus oli, että ei ole olemassa muuta kristinuskoa kuin Jeesuksen seuraaminen. Uskon, että jotkut kristityt sisimmässään tietävät tämän oikeaksi varsinkin, jos he ovat astuneet pyhityksen tielle.

Lähteitä

Enqvist, Kari (2012). *Uskomaton matka uskovien maailmaan.* WSOY.

Ervast, Pekka (1953). *Uusi uskonpuhdistus.* Ruusu-Risti. Saatavilla internetistä osoitteesta http://www.pekkaervast.net/teokset/.

Ervast, Pekka (1978). *Suuri seikkailu.* Karisto. Saatavilla internetistä osoitteesta http://www.pekkaervast.net/teokset/.

Ervast, Pekka (1987). *Suuret uskonnot.* Kristosofinen Kirjallisuusseura ry. Saatavilla internetistä osoitteesta http://www.pekkaervast.net/teokset/.

Ervast, Pekka (1986). *Toimittajalta 3.* Kristosofinen Kirjallisuusseura ry. Saatavilla internetistä osoitteesta http://www.pekkaervast.net/teokset/.

Jacobs, A.J. (2011). *Raamatullinen vuosi.* Nemo.

Kuula, Kari (2006). *Helvetin historia. Pohjalta pohjalle Homeroksesta Manaajaan.* Kirjapaja.

Kuula, Kari (2012). *Kotona kristinuskossa.* Kirjapaja.

Kylliäinen, Antti (1997). *Kaikki pääsevät taivaaseen: Välttämättömiä tarkistuksia kristillisiin opinkohtiin.* Nemo.

Kylliäinen, Antti ja Riekkinen, Wille (2013). *Uskon kintereillä.* Art House.

Marjanen, Jouni, Savinainen, Antti ja Sorvali, Jouko (2016). *Kuolema ja kuolemanjälkeinen elämä. Otteita Pekka Ervastin esitelmistä ja kirjoituksista.* Ruusu-Ristin Kirjallisuusseura ry. Saatavilla internetistä osoitteessa https://teosofia.net/e-kirjat/Pekka_Ervast-Kuolema_ja_kuolemanjälkeinen_elämä.pdf.

Pitkänen, Jorma (2013). *Fides directa – fides reflexa. Jonas Laguksen käsitys vanhurskauttavasta uskosta.* Itä-Suomen yliopisto, Filosofinen tiedekunta, väitöskirja. Saatavilla internetistä osoitteesta https://erepo.uef.fi/handle/123456789/12254.

Räisänen, Heikki (2011). *Mitä varhaiset kristityt uskoivat.* WSOY.

Toiviainen, Sakari (1988). *Kuvasta kaltaisuuteen, via mystica Kallistos Waren mukaan.* Ortodoksisen kulttuurin säätiön julkaisuja.

II Henkisiä opettajia

Rudolf Steinerin Henkisen tiedon tie

Johdanto

Rudolf Steiner julkaisi artikkelisarjan *Kuinka saavutetaan tietoa korkeammista maailmoista?* (saksaksi *Wie erlangt man Erkenntnisse der höheren Welten?*) aikakauslehti *Lucifer-Gnosiksessa* vuosina 1904–1905. Kirjana teos ilmestyi ensimmäisen kerran vuonna 1909 ja ensimmäinen suomennos saatiin kolme vuotta myöhemmin. Kirja on tunnetuin Steinerin teoksista. Steiner työsti tekstiään perusteellisesti useita kertoja. Myös kirjan nimi on muuntunut käännösten myötä: suomalaiseksi nimeksi on vakiintunut *Henkisen tiedon tie* (Steiner, 1987). Steinerin tarkoituksena oli luoda niin tarkka kuvaus henkisistä harjoituksista ja tiellä etenemisestä, että vanhan henkisen tradition vaatima opettajan tai gurun läsnäolo tulisi tarpeettomaksi tai ainakin henkisen opettajan merkitys olisi toisenlainen.

Tarkoitukseni on tässä artikkelissa esitellä lukijalle katsaus kirjaan toivottavasti siten, että esitykseni toimisi virikkeenä omakohtaiseen tutkimiseen. Näkökulmani kirjaan on eettistä aspektia painottava. Näin siksi, että oma taustani on ruusuristiläisyydessä, jossa henkinen tie on pyrkimystä elää ja toimia Jeesuksen Vuorisaarnan hengen mukaisesti. Erityisen mielenkiintoisen vertailukohdan tarjoaa *Jeesuksen salakoulu* -kirja (Ervast, 1986), jota voisi luonnehtia Ervastin henkisen tiedon tieksi (tässä artikkelissa esitetyt Vuorisaarnatulkinnat perustuvat em. teokseen). Steinerin opetuksissa eettinen ponnistelu ei yleensä ole korostetussa roolissa; kenties hän halusi mieluummin toteuttaa korkeaa eettisyyttä kuin saarnata sen puolesta. Merkittävänä poikkeuksena tästä on *Henkisen tiedon tie*, joka on syvästi eettinen teos, kuten yritän tässä artikkelissa tuoda esille.

Henkisen tiedon tien edellytyksiä

Steinerin lähtökohtana on se, että jokaisessa ihmisessä piilee kykyjä, jotka kehityttyään tekevät ihmisestä henkisen maailman kansalaisen. Hän viittaa siihen, että ihmiskunnan historian aikana on aina ollut olemassa henkistä koulutusta. Ensimmäiseksi edellytykseksi Steiner nimeää kunnioituksen ja hartauden totuutta ja tietoa kohtaan. Tarvitaan syvällinen tunne siitä, että on olemassa jotakin korkeampaa ja että voimme kohota johonkin korkeampaan. Hengen oppilaan on varottava tuomitsevasta arvostelusta ajatuksissaankin. Ihmisen sisäiseksi asenteeksi tulee muodostua kunnioitus toista olentoa kohtaan. Hänen on opittava tuntemaan luonteensa ja paljastettava piilevät tuomitsevat ja ylenkatseelliset arvostelut maailmasta ja elämästä.

Henkinen koulutus edellyttää ankaria ehtoja, joita ei tarvitse täydellisesti täyttää, mutta vakava pyrkimys niiden täyttämiseen on välttämätöntä. Steiner esittää seitsemän ehtoa:

1) On pyrittävä edistämään ruumiillista ja henkistä terveyttä. Velvollisuus on kuitenkin usein asetettava terveyden, jopa elämänkin edelle.

2) Ihmisen on tunnettava itsensä elämän kokonaisuuden jäseneksi. On opittava ymmärtämään, että henkisen tien kulkija on myötävastuullinen kaikesta, mitä ihmiskunnassa tapahtuu.

3) On opittava, että ajatuksilla ja tunteilla on yhtä suuri merkitys maailmaan kuin ulkoisilla teoilla. Puhtaat tunteet ja ajatukset edistävät maailmaa kuten hyvät teotkin.

- Steiner antaa ohjeita siitä, kuinka hengen oppilaan tulee suhtautua nautintoon, mutta hän ei suoraan puhu ihmisen suhteesta sukupuolielämään. Vuorisaarnassa asia ilmaistaan hyvin suoraviivaisella tavalla: "älä katso naista himoitaksesi häntä" [toki ohje koskee myös naisia]. Ervastin tulkinnassa Jeesuksen ohje ei tarkoita asketismia.

- Ervastin opetuksien mukaan ajatusten ja tunteiden puhdistaminen – sydämen puhtaus – antaa kyvyn ymmärtää ja havaita ihmisten ja luonnon tunne-elämää eli nähdä auroja.

4) Henkisen tien kulkijan on opittava näkemään, että ihmisen varsinainen olemus ei ole ulkoinen, vaan sisäinen.

5) Vaaditaan kestävyyttä tehdyn päätöksen pitämisessä. On opittava uhraamaan työnsä maailman hyväksi riippumatta siitä, miten maailma ottaa sen vastaan.

- Ruusuristiläisten kesken on tapana sanoa, että meidän on opittava palvelemaan kykyjemme ja voimiemme mukaan riippumatta siitä, miten ihmiset meihin suhtautuvat.

6) On kehitettävä kiitollisuuden tunnetta kaikesta, mitä ihminen saa osakseen. Kaikkiallisen rakkauden kehittäminen on välttämätön henkisen tiedon saavuttamiseksi. Ihmisrakkauden tulee vähitellen avartua rakkaudeksi kaikkiin olentoihin.

  - Tässä on esitetty vastaava ihanne kuin Vuorisaarnassa, jossa Jeesus kehottaa rakastamaan kaikkia ihmisiä, niin hyviä kuin pahoja. Samoin buddhalaisuudessa korostetaan myötätuntoa kaikkia eläviä olentoja kohtaan.

7) Kaikki kuusi ehtoa yhdistyvät seitsemännessä ehdossa, joka on elämän jatkuvaa käsittämistä siinä mielessä kuin nämä ehdot vaativat.

Steiner puhuu myös hengen oppilaan suhtautumisesta pahaan. Hänen on löydettävä pahastakin niitä puolia, joiden avulla hän voi muuttaa sen hyväksi. Paras tapa taistella pahaa ja epätäydellistä vastaan on hyvän ja täydellisen luominen. Tässäkin Steinerin opetus on Vuorisaarnan ja uuden liiton kulmakiven, pahan vastustamattomuuden, hengen mukainen. Ervastin tulkinnassa pahan vastustamattomuus tarkoittaa mm. sitä, että emme enää pidä vastoinkäymisiä, loukkauksia ja nöyryytyksiä pahoina, vaan salapukuisina siunauksina, jotka antavat meille mahdollisuuden vapautua vanhasta karmastamme ja opettavat meitä rakastamaan. Jos opimme elämään pahan vastustamattomuuden hengessä, voitamme itsemme ja astumme persoonallisuutemme ulkopuolelle. Ervastin mukaan meissä aukenee silmä näkemään maailman järjestettynä kosmoksena ja kehittyessään tämä näkeminen muuttuu jälleensyntymismuistiksi.

Steiner esittää kaiken hengentieteen perussäännön, jota ei saa rikkoa, jos tahtoo päästä henkiseen tietoon:

Jokainen tieto, jota etsit vain rikastuttaaksesi omaa tietämistäsi, kerätäksesi tiedon aarteita itsellesi, vie sinut syrjään tieltäsi. Sen sijaan jokainen tieto, jota etsit kypsyäksesi tekemään työtä ihmiskunnan ja maailman kehityksen hyväksi, vie sinut askeleen eteenpäin.

Tässä ohjeessa tulee esille kaiken henkisen pyrkimyksen motiivi: henkisen tiedon tie on tarkoitettu vain niille, jotka tahtovat työskennellä ihmiskunnan ja maailman puolesta. Tämä tuo hakematta mieleen buddhalaisuuden bodhisattvalupauksen (Shantideva, 1993):

Niin kauan kuin riittää avaruutta
Ja niin kauan kuin on jäljellä eläviä olentoja
Siihen saakka myös minun suotakoon pysyä
Poistamassa maailman kurjuutta.

Henkisen tiedon tien eettisillä ohjeilla on Buddhan jaloon kahdeksankertaiseen polkuun yhteyksiä, jotka Steiner tuo ohimennen esille.

Sisäinen rauha

Oppilaan on hankittava sisäisen rauhan hetkiä, joiden aikana hän oppii erottamaan olennaisen epäolennaisesta. (Ohje on tuttu jo vanhasta Intiasta, jossa sitä kutsuttiin vivekaksi.) Pyrkijän on erotettava arkielämästä aikaa, jolloin hän voi katsella elämäänsä ja kokemuksiaan korkeammasta näkökulmasta. Hänen tulee kohdata itsensä sisäisellä rauhalla. Tässä sieluntilassa erottuu olennainen epäolennaisesta. Ihmisen on yhä uudelleen ehdottoman rehellisesti kyettävä tarkastelemaan omia tekojaan kuin ulkopuolisen kannalta. On nähtävä omat vikansa, heikkoutensa ja puutteensa sellaisina kuin ne ovat; missään suhteessa ei saa pettää itseään. Sisäisen rauhan harjoittaminen ja oman elämän tarkkailu eivät johda maailmasta vieraantumiseen. Päinvastoin, hengen oppilaan on täytettävä velvollisuutensa huolellisesti.

Erillisten rauhan hetkien vaikutus alkaa vähitellen ulottua arkielämään. Ihmisessä kasvaa rauhallisuus, eikä hän enää menetä tasapainoaan ja malttiaan kaikenlaisten sattumusten vuoksi. Ennen henkistä koulutusta loukkaus on voinut aiheuttaa suuttumisen, mutta nyt hän osaa suhtautua loukkaukseen täysin rauhallisesti ilman vihaa. Suuttumisella on ihmisen sisäisyyteen vakavat vaikutukset: vihaisuus pystyttää muurin sielunmaailman ympärille, mikä estää sielun elimiä kehittymästä. Sisäisen rauhan kasvu puolestaan johtaa sisäisten kykyjen syntymiseen, jotka mahdollistavat henkisen tiedon saavuttamisen. Sisäisen rauhan työstäminen – meditatiivinen elämä – nostaa ihmisen arkipäiväisen persoonallisuuden yli, ja ihminen oppii kuuntelemaan hiljaisuuden ääntä ja on sisimmässään kanssakäymisessä henkisen maailman kanssa.

Aivan vastaavasti Ervastin tulkinnassa Vuorisaarnan ohje "älä suutu" tarkoittaa mielen tyyneyden harjoittamista siten, että hyvyys meissä voisi kasvaa. Jos todella opimme sisäisen suuttumattomuuden, meissä herää Ervastin mukaan uusi sielunkyky: me alamme ymmärtää ja myös nähdä toisten ihmisten ajatuksia.

Steiner tuo esille, että jokaisella on sisimmässään *korkeampi ihminen*, joka pysyy piilevänä siihen saakka, kunnes se herätetään. Tämäkin Steinerin opetus on täysin identtinen ruusuristiläisyyden ydinopetuksen kanssa: henkisen pyrkimyksen päämääränä on korkeamman minän herääminen ja kristustajunnan syntyminen, jota kutsutaan myös uudestisyntymiseksi tai Damaskos-kokemukseksi. Tämä edellyttää puhdistuksen tien kulkemista ja itsekkään persoonallisuuden voittamista.

Valmistus, valaistus ja vihkimys

Steiner esittää koulutustien kolme vaihetta (valmistus, valaistus ja vihkimys), jotka johtavat tiettyyn vihkimystasoon. Hän ei tarkenna, miten vihkimystaso liittyy Salaiseen tai Valkoiseen Veljeskuntaan, josta teosofia ja myös Steiner itse toisaalla puhuvat. Steiner toteaa, että henkisen tiedon oppilas saa ajallaan tiedon maailman vihittyjen olemassaolosta.

Valmistus

Valmistuksen avulla muodostellaan ihmisen korkeammat aistit ja toiminnan orgaanit. Steiner antaa tätä tarkoitusta varten erilaisia meditatiivisia harjoituksia, jotka auttavat korkeampien aistien kehitystä. Harjoitusten seurauksena alkaa häämöttää sielunmaailma eli astraalitaso. Ihminen tulee täysin tietoiseksi siitä, että tunteet ja ajatukset ovat omassa maailmassaan yhtä todellisia kuin esineet fyysisessä maailmassa. Väärä ajatus voi olla yhtä tuhoisa ajatusmaailmassa kuin luoti fyysisessä maailmassa.

Äänten maailmaan eläytyminen toimii tärkeänä harjoituksena, joka mahdollistaa kyvyn ikään kuin sulautua olentoon, josta ääni lähtee. Harjoituksen myötä luonto alkaa ilmaista ihmiselle salaisuuksiaan, ja ihminen alkaa kuulla sielullaan. Tarvitaan myös toisen ihmisen kuuntelemisen opettelua:

kuunneltaessa oman sisimmän on vaiettava ilman että ilmaistaan tai edes ajatellaan toisen mielipiteiden hyväksymistä tai vastustamista. Kuuntelun hiljaisuuden on ulotuttava myös tunteisiin, kaikki torjuvat ja hyväksyvät tunteet on opittava kuunneltaessa voittamaan. Tämä voi kuulostaa arkielämän kannalta hyvin kummalliselta, mutta Steinerin ohje tähtää syvemmälle: ihmisen tulee oppia kuuntelemaan toisen sanoja epäitsekkäästi, itsensä unohtaen. Oikean kuuntelun kautta hengen oppilas oppii kuulemaan sanojen kautta toisen ihmisen sielua. Tämän harjoituksen seurauksena kehittyy uusi sisäinen kuuloaisti, joka mahdollistaa korkeampien henkisten totuuksien, "sisäisen sanan" havaitsemisen. Ihminen ei osaa kuunnella, jos hänellä on turhan puhumisen tarve. Tämä ei tarkoita sitä, etteikö hengen oppilas voisi puhua. Puheen oikea käyttö edellyttää harkintaa ja lempeää suhtautumista toista ihmistä kohtaan.

Oikean kuuntelun harjoittaminen, puheen hallinta ja edellä esitetty sisäiseen rauhaan liittyvä ehdoton rehellisyys itseä kohtaan tuovat mieleen Vuorisaarnan, jossa Jeesus kieltää vannomasta ja varoittaa turhista sanoista. Ervastin tulkinnassa tämä kehottaa ehdottomaan rehellisyyteen itseään ja toisia kohtaan, kielenhillintään ja hiljaiseen kuunteluun. Näiden harjoittaminen kehittää Ervastin mukaan uutta aistia, joka mahdollistaa ihmisten kykyjen ja taipumusten ymmärtämisen; nämä ovat yhteydessä ihmisen eetteriruumiin eli elämänruumiin kanssa. Jos ihminen osaa olla sisäisesti totuudellinen, hän kykenee näkemään totuuden maailmassakin.

Valaistus

Valaistusharjoitukset alkavat luonnonkohteiden tarkastelulla ja vertailulla. Tällaisia kohteita voivat olla kristalli, kasvi ja eläin. Myöhemmässä vaiheessa voi käydä tarkastelemaan ihmistä ja ihmiselämän ilmiöitä. Intensiivinen syventyminen herättää Steinerin mukaan tiettyjä tunteita ja ajatuksia, jotka vaikuttavat myös tarkastelun päätyttyä. Tällaisista ajatuksista muodostuvat henkisen näkemisen silmät, joiden avulla ihminen alkaa vähitellen nähdä sielullisia ja henkisiä värejä. Kyvyn saavutettuaan hän kohtaa olentoja, jotka eivät ilmene fyysisessä maailmassa.

Steiner korostaa varovaisuuden merkitystä ja fyysisen maailman yhteyden tärkeyttä. Koulutuksen aikana on jatkuvasti kehitettävä moraalista voimaa, sisäistä rehellisyyttä ja ulkoista havaintokykyä. On erittäin tärkeätä, että hengen oppilaan luonnonkauneuden taju ja myötätunto ihmisiä ja eläimiä kohtaan kasvavat. Jos näin ei tapahdu, valaistus epäonnistuu ja seuraukset voivat olla vaarallisia. Tässäkin yhteydessä Steiner korostaa moraalisen luonnon puhdistusta, koska uudet kyvyt voivat antaa valtaa toisten ihmisten ylitse. Hengentieteen kultainen sääntö kuuluukin: "Kun yrität astua *yhden* askeleen eteenpäin henkisten totuuksien tajuamisessa, astu samalla *kolme* askelta eteenpäin luonteesi kehittämisessä."

Steiner myös varottaa, että henkisiä harjoituksia ei saa tehdä siten, että tulee laiminlyöneeksi elämän velvollisuudet. Ihmisen täytyy oppia odottamaan kärsivällisesti. Tulokset tulevat hitaasti ja vasta silloin, kun korkeammat voimat katsovat ihmisen arvolliseksi. Toisaalta tarvitaan rohkeutta ja itseluottamusta. Vastaavasti ruusuristiläisissä piireissä sanotaan, että totuudenetsijä ei saa pelätä, mutta hän ei myöskään saa toimia uhkarohkeasti.

Vihkimys

Valmistuksen ja valaistumisen aikana ihminen on oppinut henkisesti havaitsemaan. Tätä tarvitaan, jotta tietyistä henkisen maailman tosiasioista voitaisiin saada vihkimyksen vaiheessa kokemuksia. Vihkimysvaiheen alussa on "kokeita", joita voi vertauskuvallisesti kutsua elementtikokeiksi (Ervast, 1980). Steiner kutsuu ensimmäistä koetta "tulikokeeksi". Sillä on yliaistillinen ja sisäinen puolensa. Yliaistillista puolta luonnehtii "henkinen palamisprosessi", jossa aistihavainnon verho häviää, ja ihminen oppii tajuamaan kuinka mm. elolliset olennot ilmenevät henkiselle korvalle ja silmälle. Tulikokeen sielullisena puolena on se, että ihminen on oppinut rauhallisena kestämään kärsimyksiä, pettymyksiä ja epäonnistumisia. Tämän voi oppia tavallisessa elämässä ilman, että ihminen tarvitsee olla tietoinen vihkimyksestä. Tulikokeen jälkeen voi vielä kääntyä takaisin henkisen koulutuksen tieltä, ja jatkaa vihkimyskokemuksia myöhemmässä inkarnaatiossa. Tulikokeen läpäiseminen tekee ihmisen kykenevämmäksi ihmisyhteisön jäseneksi, jatkoipa hän henkistä koulutustietä tai ei.

Seuraavaa koetta edeltää "henkisen kirjoitusjärjestelmän" oppiminen. Tämän avulla oppilas oppii tuntemaan velvollisuuksia, joista hän ei aikaisemmin tiennyt mitään. Suoritettavaa koetta Steiner nimittää "vesikokeeksi", koska henkisellä tasolla puuttuu ulkoisten olosuhteiden tuki hieman samaan tapaan kuin vesillä liikkuessa. Kalevalaisissa mysteereissä kuvataan ilmeisesti samaa asiaa näin (Lönnrot, 1829):

Soutelemme, joutelemme,
Noien velhojen vesille,
Tietomiesten tienohille,
Lakkipäien lainehille,
Miesten syöjälle selälle,
Urosten upottajalle...

Ihminen kokee saavansa koulutuksessa tietyn tehtävän, jonka suorittaminen edellyttää valmistuksessa ja valaistuksessa saatuja havaintoja ja henkisen kirjoituksen ymmärtämistä. Jos hän toimii oikein, on koe läpäisty. Tähänkin kokeeseen liittyy sisäinen ominaisuus: koe antaa tilaisuuden kehittää itsehallintaa. Ihminen osaa noudattaa korkeita ihanteita ja suorittaa velvollisuutensa toiveistaan ja mieltymyksistään huolimatta. Hän oppii luopumaan kaikista ennakkoluuloistaan. On mahdollista, että henkisen tiedon oppilas on suorittanut tämän kokeen sielullisen osan tiedottomasti tavallisessa elämässä jo ennen henkisen koulutuksen tielle astumistaan.

Kolmatta koetta Steiner kutsuu "ilmakokeeksi". Siinä ihminen on tilanteessa, jossa hänen täytyy löytää itsestään käsin tiensä, hän ei saa ulkopuolelta toiminnan aihetta. Kokeen suorittaminen edellyttää, että ihminen löytää korkeamman minänsä ja osaa noudattaa hengen oivallusta. Tässäkin kokeessa tavallinen elämä toimii kouluna; tilanteet, jotka vaativat nopeaa päättäväisyyttä ja mielenmalttia antavat harjaannusta ilmakokeeseen.

Kolmannen kokeen suoritettuaan ihminen saa astua "korkeamman tiedon temppeliin". Hänen on "vannottava vala", jossa hän lupaa, ettei "kavalla" henkistä tietoa. Tässä vala on symbolista puhetta, koska kyse ei ole varsinaisesta valan antamisesta vaan kokemuksesta, jonka avulla on mahdollista ymmärtää, kuinka henkistä tietoa voidaan käyttää ihmiskunnan palvelukseen. Vanhoissa mysteeriotraditioissa pyrkijä käy läpi elementtikokeet ja valan vertauskuvallisesti; henkisen tiedon tiellä ne ovat todellisuuksia.

Eräitä henkisen koulutuksen vaikutuksia

Edellä viitattiin korkeampiin aisteihin. Niiden kehittyminen on yhteydessä tsakroihin; henkisen koulutuksen kannalta merkityksellisimmät sijaitsevat silmien välissä, kurkunpään kohdalla, sydämen seudulla ja vatsanpohjan lähellä. Tsakrat alkavat harjoitusten myötä ensin kirkastua ja sitten "pyöriä", jolloin henkinen havaitseminen herää. Kullakin tsakralla on oma merkityksensä yliaistillisten havaintojen tekemisessä. En ole missään muualla lukenut niin yksityiskohtaista tsakrojen ja niiden merkityksen kuvausta kuin mitä Steiner kirjassaan esittää.

Tsakrojen kehittymisen edellytykset ovat eettistä laatua; ne ovat jokapäiväisen elämän vaatimuksia. Kuhunkin tsakraan liittyvät omat ohjeensa ja kehitystehtävänsä. Esimerkiksi kurkkutsakran "lehtien" – tosin *Henkisen tiedon tiessä* ei käytetä ilmaisuja kurkkutsakra tai sydäntsakra – kehittämiseksi Steiner antaa seitsemän ohjetta, jotka jo jossakin muodossa sisältyvät aiemmin esitettyihin edellytyksiin. Esimerkiksi yhtenä edellytyksenä on se, että hengen oppilas pyrkii suorittamaan tehtävänsä yhä paremmin ja täydellisemmin. Opetus esiintyy myös Uudessa testamentissa: Jeesus neuvoo olemaan vähässä uskollinen, jotta voi kasvaa paljon vartijaksi. Vastaavasti Ervastin opetuksissa arkisten velvollisuuksien tunnontarkka täyttäminen on esoteerisen pyrkimyksen perusta. Se on Ervastin mukaan toisaalta oppimista luotettavaksi ja uskolliseksi palvelijaksi, ja toisaalta vanhasta karmasta vapautumista.

Henkisen tiedon oppilaan unielämässä tapahtuu muutoksia. Ennen unet olivat sekavia ja sattumanvaraisia, mutta henkisen koulutuksen myötä ne saavat säännönmukaisen luonteen. Unikuvat eivät enää ole pelkkää fyysisen maailman heijastusta, vaan niissä on mukana henkisen maailman ilmausta. Ero valvetietoisuuden ja unitietoisuuden välillä alkaa hävitä. Unikuvien maailmassa tulee ilmi korkeampi todellisuus. Muutos ulottuu myös syvän unen tilaan (Ervast kutsuu tätä salatajunnaksi), josta alkaa tulla tietoisuuden kokemuksia. Pitkän kehitysprosessin jälkeen ihminen saavuttaa jatkuvan tietoisuudentilan, joka ei katkea unessa eikä kuolemassa.

Steiner puhuu korkeamman minän syntymisestä tietoiseen olemassaoloon. Ihmisen tulee kasvaa yhdeksi korkeamman minänsä kanssa. Jotta korkeampi minä olisi elinkykyinen, täytyy ihmisellä olla kaikki välttämättömät henkiset elimet ja taipumukset. Steiner kiinnittää erityistä huomiota sydäntsakran kehittämiseen, koska juuri sen avulla korkeampi minä tekee fyysisen minän välineekseen ja käyttää sitä. Tässä on taas yhtymäkohta Ervastin opetuksiin. Myös Ervastin edustamassa esoteriikassa sydäntsakralla on keskeinen rooli: se on ensimmäinen tsakra, joka herää Uuden liiton tiellä toimintaan (Ervast, 1955).

Henkisen tiedon tien aikaisemmissa versioissa Steiner käytti ilmaisua "kundaliinituli" ja sen herättäminen; myöhemmissä versioissa hän muutti ilmaisun muotoon "henkisen havaintokyky". Vuoden 1912 suomennoksessa Steiner toteaa, että kundaliinitulen herättämisestä ei julkisesti ilmoiteta mitään, vaan se kuuluu esoteerisen koulutuksen piiriin. Ilmeisesti sekä Uuden että Vanhan liiton esoteriikassa tsakrojen elävöitymiseen liittyy kundaliinin herääminen. Ervastin mukaan sitä ei saa yrittää itse herättää; sen herättää Uuden liiton tiellä Jeesus Kristus (Ervast, 1955).

Hengen oppilaalle eettisten ehtojen noudattaminen on välttämätöntä, muussa tapauksessa hän joutuu helposti harhojen ja erehdysten valtaan astuessaan valmistumattomana korkeampaan maailmaan. Steiner toteaa, että eettisten edellytysten mukainen elämä on hyväksi myös sellaiselle totuuden etsijälle, joka ei halua syystä tai toisesta astua henkisen koulutuksen tielle. Eettinen pyrkimys ilman muita meditatiivisia harjoituksia vaikuttaa sielunelämään, vaikkakin hitaasti. Tässä voi nähdä jonkinlaisen eron Ervastin opetusten kanssa: Vuorisaarnan ihanteiden mukainen elämä on hänen mukaansa turvallisin tie. Myös tällä tiellä mietiskely on välttämätöntä; mietiskelyn kohteena ovat ihanteet ja oman elämän tutkiminen niiden valossa. Toisaalta Ervast antoi esoteerisen koulun oppilailleen meditaatio-ohjeita hieman samaan tapaan kuin Steiner tekee kirjassaan.

Kaksi kynnyksenvartijaa

Tietyssä kehityksen vaiheessa, joka liittyy tahdon, ajattelun ja tunteen eriytymiseen, henkisen tiedon oppilas kohtaa pienemmän kynnyksenvartijan. Se ei ole ihmiselle olemassa ennen kuin hän on saavuttanut kyseisen kehitysvaiheen. Steiner kuvaa pienemmän kynnyksenvartijan kertomuksen muodossa; kuvaus on vaikuttava. Pelottava olento ilmestyy ihmiselle. Tämä olento on muodostunut menneiden elämien hyvistä ja huonoista puolista, jotka aikaisemmin olivat kietoutuneet hengen oppilaan omaan olemukseen; nyt ne irtautuvat hänestä. Hahmo on pelottava, koska se on ihmisen omien aikaisempien elämien tulosta. Kynnyksenvartija ei poistu enää ihmisen rinnalta, vaan väärä ajattelu ja toiminta näkyvät heti rumina vääristyminä sen hahmossa. Tämä kuvaus tuo elävästi mieleen Oscar Wilden romaanin *Dorian Grayn muotokuva* (Wilde, 2009), jossa Dorian Grayn moraaliton elämä näkyy hänestä tehdyn muotokuvan turmeltumisena.

Ehkä Wilde kuvaa taiteilijan intuitiolla tilannetta, jossa pienempi kynnyksenvartija tulee näkyväksi liian aikaisin.

Pienemmästä kynnyksenvartijasta täytyy tulla täydellinen olento, muuten ihminen joutuu pimeyteen ja tuhoon. Olento muuttuu loistavan kauniiksi vasta, kun menneet vääryydet on hyvitetty ja ihminen on puhdistanut itsensä niin, ettei mikään paha ole hänelle enää mahdollista. Vasta sen jälkeen voi tapahtua kirkastuneen kynnyksenvartijan ja ihmisen jälleenyhtyminen.

Kynnys muodostuu pelon tunteesta. Jos ihminen vähänkään pelkää ohjata itse kohtaloansa, ei kynnystä pidä ylittää. Kynnyksen yli astuminen vie ihmisen maailmoihin, joissa hän aikaisemmin kulki vasta kuoleman jälkeen. Ennen kynnyksenvartijan tietoista kohtaamista yhteys katkesi kuolemassa; tällöin vain kohtalon voimat näkivät kynnyksenvartijan, jonka epätäydellisyys pakotti kohtalon voimat johtamaan ihmisen maan päälle yhä uudelleen uuteen ruumistukseen. Steinerin kuvaus on kuin toisinto Buddhan puheesta talonrakentajalle *Dhammapadassa*:

> *Monien syntymien kierroksen kautta olen kulkenut lakkaamatta talon rakentajaa etsien.*
>
> *En löytänyt häntä. Syntyminen yhä uudestaan on kärsimystä.*
>
> *Nyt olen nähnyt sinut, talonrakentaja! Etpä enää rakenna taloasi.*
>
> *Kaikki orret ovat murtuneet, kurkihirsi on katkennut.*
>
> *Nirvanaa lähestynyt mieleni on saavuttanut halujen lakkaamisen.*

Henkinen koulutus valmistaa ihmisen kohtaamaan henkisen maailman kynnyksen pelkäämättä siten, että hän täysin tietoisena ottaa pienemmän kynnyksenvartijan hahmon uudelleen luomisen vastuulleen. Kynnyksen oikean ylittämisen jälkeen ihminen näkee elämänsä vaikuttaneet syyt ja seuraukset eli ymmärtää oman luonteensa ja kohtalonsa karmallisen taustan. Tästä lähtien hän kokee kuoleman tietoisesti. Näin toteutuu vanhojen mysteerien vaatimus, jossa vihittävältä vaadittiin, että hän on oppinut eläessään kuolemaan.

Jonkin ajan kuluttua henkisen tiedon tien kulkija kohtaa suuremman kynnyksenvartijan. Tämänkin kohtaamisen Steiner esittää kertomuksen muodossa. Ihminen kohtaa korkean valo-olennon, jonka kauneus on ylimaallista. Suuri kynnyksenvartija kertoo kahdesta tiestä, jonka ihminen voi valita. Valinta teiden välillä ei Steinerin mukaan ole helppo. Ensimmäinen tie vie *yksilölliseen* autuuteen; tällä tiellä ihminen voisi astua vapautuneena yksilönä henkiseen maailmaan, eikä hän enää tarvitsisi fyysistä ruumista sen nykyisessä muodossa. Mutta tämä tie on musta, koska ihminen asettuu muun maailman ulkopuolelle ja lopulta jää jälkeen muun ihmiskunnan kehityksestä. Toinen tie, jolla valkeat opettajat auttavat – teosofisessa kirjallisuudessa puhutaan mestareista –, kasvattaa ihmisestä epäitsekkään ihmiskunnan ja muun luomakunnan palvelijan. Suuri kynnyksenvartija sanookin, että hän ei voi olla onnellinen niin kauan kuin maailmassa on vielä onnettomia. Jos ihminen valitsee valkean tien, hän voi kerran yhtyä korkeampaan kynnyksenvartijaan. *Antroposofinen hengentiede pääpiirteittäin* -teoksessa Steiner täsmentää, että suuri kynnyksenvartija on itse asiassa Kristus-olento, josta tuli Steinerin myöhemmän antroposofian kenties kaikkein keskeisin teema.

Steinerin kuvaus kahdesta tiestä muistuttaa arhatin ja bodhisattvan teiden kuvauksia buddhalaisuudessa. Eräässä *Viisauden mestarien kirjeessä* arhatin henkilökohtaisen pelastuksen tietä kutsutaan "ainoastaan laajentuneeksi ja häikäiseväksi itsekkyydeksi" samaan tapaan kuin suuri kynnyksenvartija Steinerin kuvauksessa tekee.

Arviointia

Johdannossa mainitsin, että Steinerin tarkoituksena oli, että kirjan muodossa esitetyt esoteeriset ohjeet voisivat korvata henkisen opettajan tai ainakin opettajan rooli olisi erilainen kuin vanhoissa mysteereissä. Kuitenkin Steinerin tarkoittamalla modernilla henkisen koulutuksen tiellä suullisella opetuksellakin oli oma roolinsa: hän aloitti vuonna 1904 esoteerisen koulun, jossa mm. annettiin opastusta meditatiivisessa elämässä. Ensimmäisessä esoteerisessa koulussa oli myös rituaalinen puolensa; koulu oli järjestetty vuodesta 1906 alkaen vapaamuuraripohjalle. Toiminta jatkui vuoteen 1914 ensimmäisen maailmansodan puhkeamiseen saakka. Steiner perusti uuden esoteerisen koulun vuonna 1923, josta hän ehti avata vain ensimmäisen luokan (Kierch, 2006).

Steiner suunnitteli jatkoa *Henkisen tiedon tielle*; hänen elinaikanaan kaikissa versioissa oli merkintä "1. osa". Toinen osa ei koskaan ilmestynyt, mutta

Henkisen tiedon asteet -kirjaa pidetään antroposofien keskuudessa toisena osana (Dietler, 2009). Myöhemmissä opetuksissaan Steiner tarkensi kuinka meditaatiotie voisi kehittyä tutkimustieksi; hän mm. selvitti imaginaation, inspiraation ja intuition kyvyt, jotka voisivat kehittyä *Henkisen tiedon tien* harjoituksia tekemällä.

Henkisen tiedon tie sai hyvän vastaanoton 1900-luvun alun teosofien kesken. Teosofisen Seuran silloinen presidentti Annie Besant antoi siitä ylistävän lausunnon englanninkielisen käännöksen esipuheessaan. Steinerille myönnettiin Subba Row -mitali kirjan johdosta. Steiner koki, että hän sai kirjan kirjoittamisen tehtäväkseen suoraan henkiseltä maailmalta ja toivoi, että kirjan ohjeita seuraamalla antroposofien keskuuteen olisi syntynyt joukko ihmisiä, jotka olisivat voineet tarkistaa hänen hengentieteellisiä tutkimustuloksiaan. Samalla näissä ihmisissä olisi kasvanut mittavat kyvyt ihmiskunnan auttamistyöhön. Näin ei kuitenkaan tapahtunut, mikä oli Steinerille pettymys. Steiner mainitsi asiasta eräälle antroposofille mm. seuraavaa (Kruse, 2009): "Henkinen maailma heittää silloin tällöin syötin. Tällä kertaa ei onkeen jäänyt mitään." Kenties on toiveita siitä, että Steiner voisi tulevaisuudessa hieman korjata arviotaan, sillä antroposofien keskuudessa on syntynyt uusi virike ottaa kirjan harjoitukset ja ohjeet vakavalta kannalta (Jairi, 2009).

Ei ole yllättävää, että Steiner pettyi odotuksissaan. Näin lienee perusteltua ajatella, koska *Henkisen tiedon tien* eettiset vaatimukset ovat *erittäin* vaativia. Ohjeita on kymmenittäin, ja ne sisältävät hyvin korkeita ihanteita. Kuten olen yrittänyt tuoda esille, ne ovat täysin Vuorisaarnan hengen mukaisia. Ruusuristiläisestä näkökulmasta voi sanoa, että *Henkisen tiedon tie* sisältää varsin yksityiskohtaisen kuvauksen puhdistuksen tiestä, joka yleensä kestää useita elämiä. Jostakin on kuitenkin aloitettava. Olen täysin vakuuttunut siitä, että mihin tahansa aidosti henkiseen tiehen kuuluu oleellisena osana eettinen pyrkimys.

Steiner puhuu henkisen maailman kynnyksen ylittämisestä ja henkisen havaintokyvyn kehittämisestä. Ervast puolestaan puhuu taivasten valtakunnan jäseneksi tulemisesta ja sen mukanaan tuomista uusista kyvyistä. Ervastin suosittamalla tiellä henkisen maailman kynnys on turvallista ylittää vasta sitten, kun ihmisessä on syntynyt kristustajunta. Tällaisen tulkinnan voi kyllä tehdä Steinerinkin opetusten pohjalta, kun tutustuu huolellisesti

Steinerin upeaan kuvaukseen kynnyksenvartijoista. Näyttää siis siltä, että Steiner ja Ervast kuvaavat pitkälti samoja asioita eri käsitteillä. Ehkä Ervastin opetuksissa yliaistillisten kykyjen kehittyminen tosiaan tapahtuu hitaammin puhtaasti eettistä tietä, kuten Steiner asian ilmaisi. Todellinen esoteerinen tie on kuitenkin vakaville pyrkijöille avoin, ja mielestäni Steinerin mestariteos voi toimia siinä erinomaisena oppaana.

Lähteitä

Dietler, Urs (2009). Antroposofian tieteellinen perusteos. *Takoja* 4/2009, s. 9–11.

Ervast, Pekka (1955). *Vihkimyksen polku ennen ja nyt.* Ruusu-Risti. Saatavilla internetistä osoitteesta http://www.pekkaervast.net/teokset/.

Ervast, Pekka (1980). *Kiusausten koulussa.* Ruusu-Ristin Kirjallisuusseura ry. Saatavilla internetistä osoitteesta http://www.pekkaervast.net/teokset/.

Ervast, Pekka (1986). *Jeesuksen salakoulu.* Ruusu-Ristin Kirjallisuusseura ry. Saatavilla internetistä osoitteesta http://www.ruusuristi.fi/uploads/file/julkaisut/ladattavat_kirjat/Jeesuksen_salakoulu.pdf.

Jairi, Mikko (2009). "Henkisen tiedon tie" -viikonloppu nuoriso-osaston järjestämänä 9.–12.10.2009 Dornachissa. *Takoja* 4/2009, s. 14.

Kierch, Johannes (2006). *A History of the School of Spiritual Science – The First Class.* Temple Lodge.

Kruse, Dirk (2009). Henkisen tiedon tie – sata vuotta myöhemmin. Uusi läpimurto. *Takoja* 4/2009, s. 11–13.

Lönnrot, Elias (1829). *Kantele, Toinen osa.*

O'Neill, George & O'Neil, Gisela. *A Study Guide and Diagrams to "Knowledge of Higher Worlds and its Attainment".*

Shantideva (1993). *Opas bodhisattvan elämäntapaan.* Dharma-kustannus, s. 326.

Steiner, Rudolf (1912). *Kuinka saavutetaan tietoja korkeammista maailmoista?* Teosofinen kirjakauppa ja kustannusliike.

Steiner, Rudolf (1964). *Antroposofinen hengentiede pääpiirteittäin.* Oy Antropos Ab.

Steiner, Rudolf (1987). *Henkisen tiedon tie.* Suomen antroposofinen liitto.

Zajonc, Arthur (1994). *Afterword to Rudolf Steiner's "How to Know Higher Worlds".*

Wilde, Oscar (2009). *Dorian Grayn muotokuva.* Otava.

Tapio Kaitaharju – suomalainen tietäjä

Johdantoa

Tapio Kaitaharju (1923–2004) oli suomalainen parantaja ja selvänäkijä, tai näin Kaitaharjua on mahdollista luonnehtia hänen julkisen toimintansa alkuvuosikymmeninä. Osuvampi luonnehdinta saattaisi olla suomalainen hengentieteilijä tai vain lyhyesti suomalainen tietäjä. Tarkoitan tässä ilmaisulla tietäjä-sanan teosofista merkitystä: ihmistä, jolla on kokemusperäistä tietoa elämän ja kuoleman salaisuuksista.

Esitykseni pohjautuu melkein kokonaan Kaitaharjun julkaistuihin teoksiin. Näin siksi, etten tuntenut Kaitaharjua henkilökohtaisesti; olin toki seurannut hänen luentojaan. Kaitaharjun teokset edustavat hänen ajatteluaan ja tutkimustuloksiaan kirjoittamisen aikoihin. Niiden avulla voi hahmottaa ainakin jossakin määrin objektiivisesti tiettyä kehityskaarta. Luonnollisesti kehityskaaren hahmottelu edellyttää tulkintaa ja jotakin viitekehystä: sitä kohdallani edustaa ruusuristiläinen maailmankatsomus sellaisena kuin olen sen ymmärtänyt.

Etenen esityksessäni kronologisessa järjestyksessä. Aloitan Kaitaharjun kolmesta ensimmäisestä teoksesta, jotka ilmestyivät ensimmäisen kerran vuosina 1972–75.

Rajan tuntumasta

Koulutustie parantajaksi

Kaitaharju oli nuorukainen, kun Suomi joutui sotaan. Näin hänestä tuli monien muiden tapaan sotaveteraani, jolle jäi sodasta fyysinen vamma. Niinpä on ymmärrettävää, että sotaveteraanien asia oli hänelle tärkeä koko elämän ajan. Sodan jälkeen Kaitaharju luopui haaveestaan opiskella metsänhoitajaksi ja antautui rautatievirkailijan uralle. Voitaneen kuitenkin sanoa, että metsänhoitajan tehtävä toteutui toisella, henkisemmällä tavalla hänen elämässään.

Ensimmäinen kosketus henkisiin asioihin näyttää tulleen yllättävän myöhään, noin 40 vuoden iässä. Pian tämän jälkeen hän sai lahjaksi Greberin kirjat *Yhteydessä henkimaailman kanssa*. Olen itsekin lukenut kyseiset kirjat, ja niiden sanoma on nimensäkin mukaisesti spiritualistiselle liikkeelle ominaista. Teosofian näkökulmasta niiden sisältämä tieto on kovin heppoista ja harhaanjohtavaakin. Silti Kaitaharju sai niistä joitakin perustietoja näkymättömästä maailmasta.

Alkuvuosina Kaitaharju osallistui meedioistuntoon, jossa hänelle kerrottiin jotakin tulevasta henkisestä tehtävästä. Lisäksi meedio kertoi muutamia tietoja hänen aikaisemmista elämistään, niin kuin meedioilla on tapana kertoa. Sivuhuomautuksena voin todeta omasta kokemuksestani ja teosofisesta ajattelusta käsin, että tällaiset tiedonannot ovat lähinnä viihteellisiä.

Pian ensimmäisten henkimaailman kokemusten jälkeen alkoi hyvin erikoinen koulutus. Kaitaharju kuvaa, kuinka hänen ruumistaan ja henkeään muovailtiin, puristeltiin ja venytettiin yöaikaan eri tavoin. Ilmeisesti tämän työskentelyn seurauksena Kaitaharjun yliaistilliset kyvyt heräsivät. Hän alkoi nähdä ja kuulla näkymätöntä ohjaajaansa. Hän kykeni myös irtautumaan ruumistaan säilyttäen tietoisuutensa. Kaikki tämä saatiin aikaan vain kolmessa viikossa! Tätä "henkistä kirurgiaa" jatkettiin myös alkuvaiheiden jälkeen.

Kaitaharjun kokema valmistelu on teosofisen ja antroposofisen kirjallisuuden piirissä miltei tuntematonta, lukuun ottamatta yhtä poikkeusta: myös Krishnamurti kuvailee omia kokemuksiaan samankaltaisella tavalla. Kaitaharjua valmisteltiin parantajan tehtävään, ja ilmeisesti Krishnamurtia valmisteltiin vastaavalla tavalla henkisen opettajan tehtävään (Krishnamurtilla tämä "prosessi" jatkui – lievempänä ja vaihdellen – kai miltei koko hänen elämänsä).

Kaitaharju suoritti parantajan tehtäväänsä sekä kosketus- että kaukoparantajana. Myös kolmatta menetelmää – hengen kautta parantamista – käytettiin. Siinä parantaja irtautuu ruumistaan ja menee parannettavan luo henkenä. Kaitaharju kuvailee, kuinka parantava voima virtasi kehon kautta kohteeseen. Parantaja on tapahtumassa vain välittäjä. Joka tapauksessa kuvatut parantamistulokset olivat erittäin vaikuttavia. Kaikkia ei kuitenkaan henkiparannuksella voitu auttaa, ilmeisesti karmallisista syistä.

Avaruuden ystävistä

Rajan tuntumassa -kirjassa kerrotaan monenlaisista yliaistillisista kokemuksista, joista Kaitaharju itse toteaa: "niissä oli kenties puolet todellisuutta ja kenties puolet erilaisilla henkisillä menetelmillä rakennettua". Arvio vaikuttaa ulkopuolisesta lukijasta varsin oikeaan osuvalta: jotkut kuvatut tapahtumat vaikuttavat selvästi astraalisilta.

Kaitaharju kertoo kohtaamisistaan avaruuden ystävien kanssa: matkustamista avaruusaluksilla, vierailuja toisille planeetoille, jopa kauemmaksikin. On huomattava, että hänen kokemuksensa on koettu henkenä. Tässä näyttää olevan yksi avain ufoilmiöiden ymmärtämiseksi: ne tapahtuvat yliaistillisissa maailmoissa, kenties vain harvoin fyysisellä tasolla. Samalla siinä on myös suuri harhautumisen riski.

Kaitaharjun välittämä kuva avaruuden vanhemmista veljistä on sympaattinen; he eivät riko vapaata tahtoa vastaan ja pyrkivät omalla tavallaan auttamaan ihmiskuntaa. Heidän saavuttaman *teknisen* tiedon edellytyksenä on ehkä hieman yllättäen Rakkauden tien kulkeminen. Suhtaudun aikamoisella varauksella ufoilmiöihin ja erityisesti niiden tulkintoihin. Siitä huolimatta Kaitaharjun kokemukset vaikuttavat varsin uskottavilta. Tosin tiedonanto vuoden 1967 sodasta Israelin ja arabivaltioiden välillä vaikuttaa jotenkin epäuskottavalta: Kaitaharjun mukaan sodan ratkaisivat Israelin eduksi "avaruuden ilmavoimat"! Hän toteaa, että tehtävä oli saatu korkeammilta henkivoimilta. Tätä on ainakin itseni vaikea sovittaa ruusuristiläiseen maailmankatsomukseen.

Maailmankuvallisia aineksia

Kaitaharju mainitsee kirjassaan, ettei juurikaan lukenut henkistä kirjallisuutta ainakaan alkuaikoina. Näin hän kertoi myös eräässä 1980-luvulla pro gradu -työtä varten tehdyssä kirjehaastattelussa. Kuitenkin hänen ensimmäisissä kirjoissaan on monia yhtymäkohtia teosofiaan: mm. jälleensyntyminen, karma ja kehityksen laki. Hän kuvaa kuinka elämä etenee kivikunnasta kasvikuntaan siirtyen siitä pitkien aikakausien kuluessa kehityksen myötä eläinkuntaan ja lopulta ihmiskuntaan. (Kriittisesti arvioituna voisi sanoa, että kuvailu ei ole kovin yksityiskohtaista, eikä ole selvää, mikä tarkasti ottaen siirtyy luonnonkunnasta toiseen.) Myös näkymättömän maailman tasojen kuvaukset astraalimaailman alemmilta, miltei aineelli-silta tasoilta ylemmille ja kirkkaammille tasoille on teosofisen kuvauksen kanssa samankaltaista. Tosin samat ajatukset esiintyvät myös spiritualis-tisessa kirjallisuudessa, jota Kaitaharjun alkuvaiheen teokset varsin pal-jon muistuttavat. Hän käyttää samantapaisia käsitteitä puhuen hengistä ja oppaista. Hän puhuu medioista myönteiseen sävyyn mm. näin: "Kun meedio on kehittynyt, rehellinen ja pyrkii auttamaan ihmisiä, toteutuu yh-teys kahden maailman välillä oikealla tavalla. Silloin voivat hänen kauttaan antaa opetusta melko korkeat henget..." Otetta voi tulkita sitenkin, että Kaitaharju ei esitä medioita korkeimman tiedon lähteenä, kuten jotkut sipiritualistit vaikuttavat uskovan; hänen kantansa on siis jossakin määrin kriittinen. Lisäksi Kaitaharjun mielestä meedioistuntojen ilmiöt ovat varsin vähäarvoisia. Niillä on läsnäolijoille ainoastaan todisteiden arvo.

Pekka Ervast esittää, että joskus medioistunnossa voi puhua toisille tasoil-le siirtynyt ihminen, mutta hänkin vain kiirastulivaiheessa. Ervast toteaa, että tällainen kanssakäyminen on edesmenneelle itselleen vahingollista, koska se saattaa turhaan sitoa häntä maallisiin asioihin. Ervast ei siis suo-sittele meedioistuntoja; *Viisauden mestarien kirjeet* ja H. P. Blavatsky ovat asiassa vielä jyrkemmällä kannalla. Kaitaharjun kirjoista käy kuitenkin ilmi, että hänellä itsellään oli kokemusperäistä tietoa pienemmistä mystee-reistä eli kuoleman salaisuuksista ainakin astraalitason näkökulmasta: hän kuvailee vierailua astraalimaailman helvettitiloissa samaan tapaan kuin teosofiset lähteet.

Kaitaharjun varhaisessa tuotannossa on teosofian kannalta eräs mielenkiin-toinen maininta: *Rajan tuntumasta* -kirjassa mainitaan Valkoinen Veljes-kunta, joka on Kaitaharjun mukaan lähettänyt maan päälle korkeita henkiä. Asiasta ei kerrota enempää, joten on vaikea päätellä, mistä lähteestä tämä maininta on peräisin. Käsittääkseni idea Valkoisesta Veljeskunnasta on teosofian maailmaan tuoma; tietenkään teosofisella liikkeellä ei ole yksin-oikeutta Valkoiseen Veljeskuntaan.

Kaitaharju käsittelee lyhyesti myös (nimiä tarkemmin mainitsematta) hengentieteitä, jollaiseksi ruusuristiläisyyskin voidaan ymmärtää. Hänen mukaansa länsimailla on elänyt useita henkilöitä, jotka ovat tutkineet hen-gentieteitä. Näiden tutkimusten pohjalta on syntynyt eri suuntia, jotka käyttävät eri käsitteitä samoista asioista. Niinpä suuntausten väliset ristiriidat ovat Kaitaharjun mielestä näennäisiä. Olen itse valmis yhtymään tähän käsitykseen ainakin jossakin määrin. Kaitaharju toteaa myös, että hengentieteiden voima ei ole kyennyt luomaan kovinkaan laajaa kehää ympärilleen, koska aineellisuuden rakentama vastus on suuri. Varsinaiseen työhön jää käytettäväksi vain kolmasosa voimista tai vähemmän. Ajatus lienee pohtimisen arvoinen.

Ystävien kesken ja Maaäidin kirja

Luonnonhengistä

Yhtenä Kaitaharjun erikoistehtävänä parantamisen lisäksi voitaneen pitää luonnonhenkien maailman selvittämistä. Luonnonhengistä on teosofisessa kirjallisuudessa jonkin verran kerrottu eräässä Leadbeaterin kirjasessa ja varsin perusteellisesti Steinerin esitelmissä. Ervast sivuaa jonkin verran aihetta. Kaitaharju tuo selvästi oman lisänsä olemassa olevaan kirjallisuuteen. *Ystävien kesken* -teoksessa tämä tulee erityisen hienolla ja intiimillä tavalla esille. Siinä tontut, kotihaltiat, keijut ja muut luonnonhenget maalla, merellä ja ilmassa kertovat itse omasta elämästään eetteritasolla. Itseäni liikutti tarina puron hennosta haltiattaresta, joka ihmisen toiminnan vuoksi menetti elämänsä eli sulautui takaisin Maaäitiin. Myös kevään keijukaisilta saatu, tuoheen näkymättömin kirjaimin kirjoitettu rakkauskirje Valamon luostarin alueelta on hellyttävä. Luonnollisesti *Ystävien kesken* -kirjan voi ottaa aikuisille kirjoitettuina satuina, jos niin haluaa. Kirjassa on kuitenkin hämmästyttävä autenttisuuden tuntu.

Ystävien kesken -kirja ja erityisesti *Maaäidin kirja* edustavat merkittävää käännettä Kaitaharjun ajattelussa. Hänen ilmaisunsa on vajaassa 10 vuodessa muuntunut siten, että tietty spiritualistisuuden leima on hävinnyt; vaikuttaa siltä, että hän on onnistunut saavuttamaan korkeamman ajattelun alueen. Toki kirjoittaja on silti tunnistettavissa samaksi kuin aiemmissakin kirjoissa. *Maaäidin kirja* käsittelee luonnonhenkiä edelleen hienovaraisesti, mutta ehkä analyyttisemmällä otteella kuin *Ystävien kesken* -teos. Kirjoituksista välittyy selkeänä luonnon näkymättömän puolen huoli ja hätä ihmisen luontoa tuhoavasta toiminnasta. Saastuminen vaikuttaa voimakkaammin ja nopeammin eetteritasolla kuin fyysisellä tasolla ja siten vahingoittaa luonnonhenkiä vielä enemmän kuin näkyvää luontoa.

Maaäiti ja Kristus-tapahtuma

Maaäidin kirja esittelee nimensä mukaisesti Maaäidin, jota teosofisessa kirjallisuudessa ei tietääkseni ole samalla tavalla käsitelty. Kaitaharjun mukaan Maa-planeetta on elävä olento kuten ihminenkin: sillä on aineellinen ruumis, eetteriruumis ja tunneruumis (ihmisen aineellinen ja eetteriruumis ovat Maaäidin synnyttämiä). Tämän lisäksi Maalla on myös korkealle ulottuva viisaus, joka on jumalallisen alkuvoiman ilmentymä. Maaäiti on Kaitaharjun mukaan korkein aineelliseen tasoon tullut jumalallisen alkuvoiman naisellinen ilmentymä. Hän on tullut Maa-planeettaamme jo ennen planeetan fyysistä ilmenemistä. Kaitaharjun esitys Maaäidistä olentona on siinä mielessä teosofian mukainen, että teosofiassakin ajatellaan planeetat tietyssä mielessä elollisiksi olennoiksi.

Kaitaharjun mukaan ihmiskunnan kehityksen hyväksi tapahtui 2000 vuotta sitten kaikkein tärkein ja keskeisin asia: Golgatalla vuodatettiin Maahan kosmisen Kristus-hengen kosminen rakkaus. Tapahtuma koskee koko ihmiskuntaa, eikä se ole mistään ulkonaisista tekijöistä, maailmankatsomuksesta tms. riippuvainen. Tapahtumaa edeltävänä aikana Kristus-rakkaus oli mahdollista saavuttaa vain pitkien harjoitusten jälkeen, mikä oli mahdollista vain harvoille. Kristus-tapahtumassa kosminen rakkaus sulautui Maaäidin eetteriselle tasolle saakka ja on siellä virikkeenä jokaiseen syntyvään lapseen.

Edellä esitetyt ajatukset ovat ruusuristiläisille ja antroposofeille hyvinkin tuttuja. Kaitaharjun esityksessä ei siis ole mitään uutta, jos ajatellaan, että hän vain esittää omin sanoin mitä Ervast tai Steiner ovat asiasta esittäneet. Sellaista vaikutelmaa ei lukija kuitenkaan tekstistä saa: esityksestä tulee tuntuma koetusta ja havaitusta asiasta. Kristus-tapahtuman yliaistillinen havaitseminen ei kuitenkaan ole Ervastin mukaan mikään helppo tehtävä, johon kuka tahansa selvänäköinen ihminen pystyisi. Tästä ovat esimerkkinä Leadbeaterin ja Besantin Kristus-tutkimukset, joiden mukaan ajanlaskun alussa ei tapahtunut mitään merkittävää. Kyseessä ovat sentään merkittävät teosofiset työntekijät; varsinkin Leadbeaterin selvänäköä arvostettiin aikanaan kovasti (Ervastin mukaan hän oli *astraalisissa* asioissa tieteellisen tarkka). Lisäksi Steiner toteaa, että buddhalaisuuden selvänäkö ei tavoita Kristus-tapahtumaa. Tätä on itseni hieman vaikea hyväksyä, mutta toisaalta Kristus-tapahtumaa eivät tietääkseni mitkään buddhalaiset lähteet käsittele.

Johtopäätöksenä voisin tulkintanani todeta, että Kaitaharju liittyy harvojen hengentieteilijöiden joukkoon, jotka puhuvat Kristus-tapahtumasta suunnilleen yhtäpitävästi kokemukseen perustuen. Kaitaharjun kuvaus näyttäisi käsittelevän asioita, joista Ervast ja Steiner ovat yksimielisiä.

Edessämme ratkaisujen ajat

Edessämme ratkaisujen ajat -teos on vakava puheenvuoro Maan elinolosuhteiden säilymisestä. Kirjassa kuvataan Maapallon yhteisiä ongelmia yliaistillisesta näkökulmasta, jopa jossakin määrin pessimistisesti sävyttyneenä. Otan tässä joitakin poimintoja.

Ydinenergian ja -säteilyn vaarat elolliselle luonnolle ja ihmiselle tunnetaan fysiikassa ja biologiassa varsin hyvin. Kaitaharju kiinnittää huomiota ydinsäteilyn kykyyn vaikuttaa hajottavasti myös eetteriruumiiseen eli elämänvoimien alueella. Tämä ehkä ei ole teosofisesti ajatellen yllättävää, mutta hän toteaa lisäksi, että säteily vaurioittaa myös korkeampia olemuspuolia. Jo ydinenergian hallittu käyttö, uraanin louhiminen yms. sisältävät nämä vaarat.

Kaitaharju tuo esille lisää yksityiskohtia ihmisen henkisestä puolesta. Hän esittää ihmisen syntymän hengentieteelliseltä kannalta. Hän kuvaa, kuinka jokaisella ihmisellä on kuolemanjälkeisissä tiloissa oma lakipisteensä, mistä hän koodihiukkasena lähtee laskeutumaan uutta maanpäällistä elämää kohti. Ajatus on täysin sopusoinnussa teosofisen opetuksen kanssa. Asia ei ole teosofeille tai antroposofeille uusi, mutta se on mielestäni merkittävä, koska se käsittääkseni edustaa hänen omaa tutkimustulostaan.

Kaitaharju palaa hengentieteisiin: hän kertoo, että hengentieteiden luominen on aikanaan synnyttänyt myös siihen kuuluvan korkean värähtelytason energian, joka on jossain määrin tutkijan käytettävissä ja vaikuttaa myönteisesti, kun ajatusponnistelu ei ylitä tutkijassa itsessään olevaa sallittua ylintä rajaa. Muussa tapauksessa tämä korkea ajatusenergia voi tuhota tutkijassa rakkauden alueen ja ottaa hänet hallintaansa. Ajatus on pohtimisen arvoinen. Toisaalta tuntuu kummalliselta, että esimerkiksi ruusuristiläinen ajatusenergia voisi kuluttaa etsijässä rakkauden tason, koska käsittääkseni kyseinen ajatusenergia juuri tähtää ihmisen rakkauskyvyn kasvuun. Asian voi ymmärtää kenties niin, että kaikessa henkisessä inspiraatiossa on ylempi ja alempi puoli tai kiusaus, johon voi langeta.

Edelliseen varoitukseen liittyy Kaitaharjun huomautus pitkäaikaisesta tieteellisestä ponnistelusta: siinä tiedon synnyttämä terävä ja korkea värähtely voi kuluttaa rakkauden suojan pois. Tällöin tiedollinen ajattelu joutuu kosketukseen korkeamman ajattelun vastavoiman kanssa. Hänen mukaansa joukkotuhoaseiden kehittelijä saattaa ammentaa inspiraatiota kyseisestä lähteestä ja samalla aidosti uskoa olevansa ihmiskunnan hyväntekijä.

Yhteytemme elämän energioihin

Tätä teosta vuodelta 1991 voisi pitää *Edessämme ratkaisujen ajat* -teoksen jatko-osana. Siinä Kaitaharju palaa aiempiin teemoihin syventäen niitä. Esimerkiksi kuolemanjälkeinen astraalielämä saa lisäselvitystä, josta näkyy tarkkaan lukiessa kokemusperäinen tieto. Kaitaharjun näkökulma on selkeästi hengentieteellinen ja mielestäni yhtäpitävä ruusuristiläisen tietämyksen kanssa, vaikka esitys ei olekaan niin perusteellinen kuin esimerkiksi Ervastin *Elämää kuoleman jälkeen* -teoksessa.

Kaitaharju kertoo näkyvän ja näkymättömän maailman välisen suojaverhon ohentumisesta, jonka Ervast ennusti *Ihmisyyden uskonto* -esitelmäsarjassa. Tämä suojauksen oheneminen aiheuttaa epätasapainoa ja herkistymistä. Kaitaharju käyttää ilmaisua "sekoilu". Tähän liittyy myös astraalitasolla tapahtunut epäjärjestyksen kasvu, jonka syynä on ihmiskunnan eksyminen tasapainoisen kehityksen teiltä. Tällä Kaitaharju viittaa mm. tiedolliseen elämänkäsitykseen, joka on tiukasti sitoutunut materialismiin.

Kaitaharju palaa myös meedioihin: suojauksen oheneminen on lisännyt mediumistisuutta. Kaitaharju on pannut merkille, että meedioita ja heidän ryhmiään vaivaa kriittisyyden puute, jonka seurauksena harhauttavat voimat pääsevät työntymään esille. Nämä esiintyvät imarteluna ja lopulta pelotteluna sekä kuvitelmana oman tehtävän ainutlaatuisuudesta ihmiskunnan historiassa. Kaitaharjun arvio tulee varsin lähelle teosofisia näkemyksiä meedioista; hän mainitsee Blavatskyn tapaan astraalikuoret harhauttamisen välineenä.

Kaitaharju toteaa, että korkeamman tason selvänäköisyys lienee hyvin harvinaista. Hänen mukaansa sen edellyttämä vuorovaikutus ohittaa kokonaan astraalitasot ja liittyy niihin ulottuvuuksiin, missä on myös Maa-planeettaa ja sen ihmiskuntaa koskeva "tieto sinänsä". Koska tällaisella näkemisellä ei ole kosketuskohtia tavallisen selvänäön kanssa, tarvittaisiin sitä kuvaamaan jokin toinen ilmaisu. Tässä Kaitaharju kuvannee asiaa, jota teosofiassa nimitetään korkeammaksi akashaksi erotukseksi astraalivalon akashasta. Arvelisin, että korkeamman akashan luotettava lukeminen edellyttää vihkimystä. Voisi myös päätellä, että Kaitaharju kykeni ainakin jossakin määrin tutkimaan asioita korkeammasta akashasta. En silti käy arvailemaan Kaitaharjun mahdollisia vihkimyksiä.

Parantajia Kaitaharju varoittaa "minä parannan" -asenteesta. Henkisillä voimilla parantajan pitäisi kyetä ottamaan huomioon karman vaikutukset tai saada siitä edes jonkinlainen tuntuma parannettavan ihmisen kohdalla. Kaikkia ei voi parantaa, vaikka monia voidaankin auttaa. Hän antaa myös henkisen selityksen ns. parannuskokouksiin, joissa painetaan kämmen parannettavan otsalle. Tätä Kaitaharju pitää otsakeskuksen kautta tapahtuvana väkivaltaisena psyykeen tunkeutumisena. Onnellisessa tapauksessa tapahtuma saattaa laukaista psyykkisiä jännitystiloja, mutta yhtä hyvin tapahtumasta voi olla kovin onnettomia jälkiseurauksia. Pahimmassa tapauksessa otsakeskus jää avoimeksi, mikä altistaa ihmisen astraalitason energioiden arvaamattomille vaikutuksille.

Tässä on huomautettava, että vaikka Kaitaharju kirjoittaa monista ilmiöistä varsin kriittisesti, hän osaa muotoilla sanottavansa lempeästi. Lukijalle ei jää minkäänlaista hyökkäyksen tai itsetehostuksen vaikutelmaa.

Viimeiset kirjat

Kaitaharju julkaisi *Me suomalaiset* -kirjan vuonna 1992. Kirjassa esitetään Suomen suvun esihistoria tavalla, jota nykyinen tiede pitänee satuiluna. Suurin osa kirjasta perustuu tieteen kannalta vanhentuneisiin lähteisiin, ei siis Kaitaharjun selvänäköisiin tutkimuksiin. (Tietysti voi olla niinkin, että Kaitaharju on valinnut lähteitä, jotka ovat hänen selvänäköisen tutkimuksensa kanssa samansuuntaisia.) Itseäni puhuttelee ainoastaan kirjan viimeinen luku, jossa Kaitaharju puhuu Kalevalasta ja sen henkisestä merkityksestä. Siinä hän esittää, että menneisyydessä syntynyt suomalaisten kansallinen voima, tässä tulkinnassa Sampo, olisi edelleen oikein ymmärrettynä suomalaisten käytössä. Tähän ajatukseen ruusuristiläisen on helppo yhtyä.

Kaitaharjun viimeinen kirja ilmestyi 1997: *Sivustakatsojana tässä ajassa*, joka on koottu kirjoituksista vuosien varrelta. Vaikutelmani on kuitenkin se, että ehjimmät kirjoitukset oli jo julkaistu aiemmissa teoksissa.

Lopuksi

Kaitaharju ei missään teoksessaan esiintynyt henkisenä opettajana. Hän ei juurikaan antanut neuvoja esimerkiksi Ervastin tai Steinerin tapaan tiestä, jota kulkemalla voisi päästä henkisesti eteenpäin. Se ei selvästikään ollut hänen tehtävänsä. Tällä en tietenkään tarkoita, etteivätkö Kaitaharjun kirjat sisältäisi runsaasti arvokasta tietoa henkisen tien kulkijalle. Olen kyllä kuullut, että Kaitaharju oli mukana piirissä, joka oli läheisemmässä tekemisessä hänen kanssaan, mutta siinäkään ei ilmeisesti ollut kyseessä varsinaisesta opettaja-asemasta.

Edelliseen liittyen poikkeus vahvistaa säännön. Yksi neuvo tulee hänen tuotannostaan selvästi esille: henkinen etsijä ei saa laiminlyödä arkisia velvollisuuksiaan ja kuvitella, että vain "henkisillä" asioilla on merkitystä. Tämä on henkisen pyrkimyksen ensimmäisiä ehtoja sekä Ervastin että Steinerin mukaan.

Kerron lopuksi anekdootin, joka kuvannee Kaitaharjun persoonaa. Hyvä ystäväni osallistui 1990-luvulla erääseen seminaariin, jonka yhtenä puhujana Kaitaharjukin esiintyi. Tauolla tuli tilaisuus henkilökohtaiseen ajatustenvaihtoon. Ystäväni rohkaisi mielensä ja kysyi, oliko Kaitaharjulla kenties menossa viimeinen inkarnaatio Maan päällä. Vastaus oli huumorin sävyttämä: "Ei toivoakaan." Lienee kuitenkin perusteltua ajatella, että Tapio Kaitaharju oli todellinen suomalainen tietäjä, joka pyrki auttamaan kansaamme ja sitä kautta koko ihmiskuntaa.

Paul Bruntonin Yliminää etsimässä

Johdanto

Paul Brunton syntyi Lontoossa 1898 ja kuoli Genevessä 1981. Paul Brunton (P. B.) oli hänen kirjailijanimensä; oikea nimi oli Raphael Hurst. P. B:stä voidaan sanoa, että hän toimi idän henkisten opetusten – erityisesti joogan ja mietiskelyn – välittäjänä länsimaisille etsijöille. P. B:n kirjat lienevät suomalaisellekin alan lukijakunnalle tuttuja; *Yliminän viisaus* -kirja on hyvillä perusteilla hänen pääteoksensa. On mielenkiintoista todeta, että kyseisen kirjan kääntäjänä toimi luterilainen kirkkoherra Voitto Viro, joka myös tapasi P. B:n.

Tässä esityksessä tarkastelen P. B:n suhdetta teosofiaan ja hänen tärkeimpään opettajaansa Ramana Maharshiin käyttäen päälähteenäni Fungin (2002) uskontotieteen väitöskirjaa. Koetan myös arvioida joitakin P. B:n opetuksia ruusuristiläisestä näkökulmasta.

Bruntonin suhde teosofiaan

P. B:n ensimmäiset henkiset kokemukset – hänen omien sanojensa mukaan mystisten ekstaasien sarja – tapahtuivat 16-vuotiaana. Niitä edelsivät meditaation harjoittaminen ja palava pyrkimys saavuttaa Henkinen Itse. Kokemukset herkistivät hänen mieltään, ja P. B. koki voimakkaana eron arkielämän ja itsensä välillä. Niinpä hänellä syntyi ajatus päiviensä päättämisestä. P. B. oli kuitenkin hyvin kiinnostunut kuolemasta, ja päätti tutkia asiaa tarkemmin kirjallisuuden avulla. Intensiivinen henkisten opetusten lukeminen sai hänet luopumaan itsemurha-aikeistaan.

Lukujensa myötä P. B. tutustui teosofiseen kirjallisuuteen ja liittyi Teosofiseen Seuraan. Hän koki oppineensa paljon teosofian tutkimisesta, mutta kahden vuoden jälkeen hän erosi Seurasta. P. B. antoi teosofialle tunnustusta siitä, että hän sai siltä ensimmäisen johdannon idän ajatteluun. Teosofia oli P. B:n mukaan tarjonnut maailmalle erittäin arvokasta henkistä opetusta

1800-luvulla. Se kykeni heikentämään tieteellisen materialismin vaikutusta ja edistämään uskontojen välistä kunnioitusta. P. B. kuitenkin koki, että 1900-luvulle tultaessa Seura oli menettänyt henkisen vitaliteettinsa ja että Seuran taustalla olleet adeptit olivat vetäytyneet siitä pois ja jättäneet Seuran oman onnensa nojaan.

P. B. piti Teosofisen Seuran perustajaa H. P. Blavatskya nerona, joka ei ollut saanut ansaitsemaansa arvostusta maailman silmissä. Arvostuksesta kertoo myös se, että hän suositteli pojalleen Kenneth Hurstille Blavatskyn *Teosofian avainta* "helpoksi, auttavaiseksi ja kiinnostavaksi johdannoksi". Tämä arvostus ei silti estänyt P. B:tä näkemästä Blavatskyn luonteen ja esitysten tiettyjä heikkouksia. Esimerkiksi P. B. epäili Blavatskyn käsitystä Valkoisen Veljeskunnan mestareista, jotka asuivat Tiibetissä, vaikka ei sulkenutkaan pois mahdollisuutta, että Blavatsky olisi saanut opetusta tuntemattomilta mestareilta. (Kuten edellä kävi ilmi, P. B. oli aikaisemmin puhunut Seuran perustamista valvoneista adepteista; muuttikohan hän tässä kantaansa kriittisempään suuntaan?) Joka tapauksessa P. B. ajatteli, että hän jatkoi Blavatskyn aloittamaa työtä omalla tavallaan. Tähän voi yhtyä ainakin siinä mielessä, että kumpikin toi idän esoteriikkaa länsimaihin.

Ramana Maharshi

Maharshi Bruntonin opettajana

P. B. tapasi sattumalta Madrasin (nykyinen Chennai) kadulla Maharshin oppilaan, joka vaati häntä tapaamaan Maharshia. P. B. kieltäytyi, koska se ei sopinut hänen matkasuunnitelmiinsa. Hän kuitenkin muutti mieltään tavattuaan toisen intialaisen opettajan, joka vaati vielä voimakkaammin häntä tapaamaan Maharshia. P. B. kyseli Madrasissa Maharshista, mutta kukaan ei tuntunut tietävän hänestä mitään; vasta P. B. teki Maharshista kuuluisan Intiassa ja muualla maailmassa. Esitän seuraavassa joitakin otteita Maharshin opetuksista (teoksesta *Salaista Intiaa etsimässä*):

Sille, joka on tullut tuntemaan tosi itsensä, ei ole mestaria eikä oppilasta. Hän katselee kaikkia ihmisiä samoin silmin.

Teidän täytyy löytää mestari itsestänne, omassa hengellisessä minässänne.

Jokainen ihminen on jumalallinen ja väkevä todellisessa luonnossaan. Heikkoa ja pahaa ovat vain hänen tapansa, halunsa ja ajatuksensa, ei hän itse.

Kysykää jatkuvasti: "Kuka minä olen?" – perään antamatta. Analysoikaa koko persoonallisuuttanne. Yrittäkää saada selville, missä minä-ajatus alkaa.

Maharshi edusti advaita vedantaa, joka on monismia korostava buddhalaisvaikutteinen vedantan suuntaus. Maharshi antoi varsin vähän suullista opetusta P. B:lle. Hänen vaikutuksensa oli pääasiassa toisenlaista: P. B. kuvaa, kuinka hän koki sanoin kuvaamatonta rauhaa pelkästään istuessaan Maharshin lähellä. P. B. tuli tietoiseksi Maharshin luomasta ilmapiiristä ja siitä, kuinka se vaikutti hänen olemukseensa. Näyttää siltä, että P. B. todella sai syvähenkisen kokemuksen Yliminästään Maharshin ohjauksessa.

Fyysinen yhteys Maharshiin katkesi jo vuonna 1939 (*Salaista Intiaa etsimässä* -kirja oli ilmestynyt v. 1934). Tämä johtui välirikosta muiden Maharshin seuraajien kanssa. Henkinen side ei kuitenkaan katkennut, vaan P. B. omien sanojensa mukaan oli telepaattisessa yhteydessä Maharshin kanssa hänen kuolemaansa v. 1950 saakka ja senkin jälkeen. Seuraava tapaus *saattaa* liittyä juuri Maharshiin (Hurst, 1989).

P. B. oli syönyt Kauko-Idässä myrkytettyä ruokaa, minkä seurauksena hän menetti tajuntansa joutuen kuoleman porteille (tämä tapahtui v. 1953). Hän oli jo miltei kokonaan ruumiinsa ulkopuolella, kun eräs ystävä löysi hänet. Ystävä kutsui P:tä takaisin, ja samalla hän havahtui unenomaiseen tietoisuuteen. Tässä tajunnantilassa hän näki mestarin astraalisen hahmon. Tämä sanoi hänelle: "Olen tullut hakemaan sinut pois. Mutta voit vielä valita paluun ja luokseni tulemisen väliltä." P. B. kertoi, että hänelle olisi ollut suuri helpotus vastata mestarin kutsuun myöntävästi, mutta työ oli vielä kesken. Niinpä hän päätti palata takaisin.

P. B. ei nimennyt tapaamaansa mestaria; kyseessä on siis voinut olla joku muu kuin Maharshi. Ilmestyneestä mestarista P. B. sanoi, että kyseessä oli hyvin tunnettu ja rakastettu mestari.

Tietäjän ihanne

P. B:llä oli myös kaksi muuta opettajaa Maharshin lisäksi, jotka vaikuttivat merkittävästi hänen ajatteluunsa ja elämäänsä. Toinen näistä opettajista oli advaita vedantan asiantuntija Subrahmanya Iyer, joka sanoi olleensa innokas teosofi ja lukeneensa Blavatskya ja olleensa useita vuosia Annie Besantin pauloissa. Iyer teki selvän eron joogin ja tietäjän välille. Joogi tuntee sisäisen Itsensä ja on tyytyväinen omassa hiljaisuudessaan eläen maailmasta välittämättä. Tietäjä puolestaan saa tietoa myös universaalista Itsestä eikä vetäydy maailmasta, vaan toimii jatkuvasti muiden hyväksi. Iyer opetti P. B:lle, että ei ole olemassa henkilökohtaista pelastusta; se on pahinta itsekkyyttä. Iyerin opetus tuo elävästi mieleen ehkä merkittävimmän Viisauden mestarien kirjeen (ns. Maha-Tshohanin kirje), jossa arhatin tietä pidetään "häikäisevänä itsekkyytenä".

P. B. päätyikin pitämään Maharshia täydellisenä joogina, mutta ei vielä tietäjänä (Sage). Hänen ideaalinsa oli yhteneväinen Iyerin opetuksen ja buddhalaisen bodhisattva-ihanteen kanssa. Ruusuristiläisestä näkökulmasta voin vielä lisätä, että tämä on myös kristusihmisen ihanne. P. B. kirjoittaa (Fung, 2002, kirjoittajan käännös):

> *Tietäjälle toisten kärsimys on hänen omaa kärsimystään, joogille näin ei ole. Maharshi oli mystiikan eli joogan adepti, mutta hänen käsityksensä totuudesta on asetettava kyseenalaiseksi. Hän sanoo, että tietäjä voi katsella välinpitämättömästi miljoonien ihmisten teurastusta sodassa. Tämä on kyllä varsin totta joogille, mutta se ei ole koskaan totta niille, jotka ovat uhranneet kaiken tulevan nirvaanisen autuuden palatakseen maahan, kunnes kaikki ovat pelastuneet; vain heitä voidaan oikeutetusti kutsua tietäjiksi…*

Kritiikistä huolimatta P. B. piti Maharshin merkitystä itselleen suurena ja järkkymättömänä, vaikka hän ei yhtynytkään kaikkiin Maharshin käsityksiin. Toisaalta Maharshin kannanottoa voi eräästä näkökulmasta *hieman* ymmärtää: ehkä on niin, että korkeamman minän tajunnassa ihminen kokee Suuren Elämän ja sen täydellisyyden kaikesta maailmassa ilmenevästä kärsimyksestä ja pahasta huolimatta. Ehkä syvemmältä kannalta katsottuna kaikki tosiaan on järjestyksessä. Tästä ei kuitenkaan seuraa, eikä saa seurata välinpitämättömyys ihmisten kärsimyksiä kohtaan; päinvastoin, tämä kokemus voi kannustaa totuuden etsijää palvelun ylevän ihanteen toteuttajaksi.

Yliminä

P. B. päätyi Yliminän käsitteeseen, jolla hän kuvasi ihmisen korkeampaa olemuspuolta. Englanninkielinen ilmaisu on Overself eli Yli-itse, mutta pidän Viron käännöstä onnistuneena. P. B. sai idean Yliminälle Ralph Waldo Emersonin esseestä *The Oversoul* (Ylisielu). Intialaisessa ajattelussa vastaava käsite on *atman*, jonka englanninkielistä käännöstä "itse" (self) P. B. piti epäonnistuneena. Yliminällä hän tahtoi tehdä selvän eron empiirisen minän eli egon ja jumalaisen Itsen välillä.

Yliminä esiintyy ensimmäistä kertaa teoksessa *Salaista Intiaa* etsimässä, joka edusti P. B:n mystistä vaihetta. Tässä vaiheessa hän oli jo tavannut Maharshin. Fungin mukaan teoksessa on nähtävissä teosofian vaikutus, joka väheni P. B:n myöhemmässä, filosofisessa vaiheessa. Tämä vaihe alkoi Fungin tulkinnan mukaan v. 1937 P. B:n tavattua Iyerin.

Yliminän luonnehdinta kehittyi P. B:n oman esoteerisen kehityksen mukana. Mystisessä vaiheessa Yliminä kuvasi ihmisen korkeampaa yksilöllisyyttä, jota ruusuristiläisessä ajattelussa kutsutaan korkeammaksi minäksi. P. B. kuvasi Yliminän vaikutusta intiimiksi läsnäoloksi, lämpimäksi ja rauhoittavaksi vaikutukseksi, joka koetaan syvässä meditaatiossa. Pekka Ervastin opetuksissa vastaava Yliminän aspekti eli korkeampi minä vaikuttaa ihmisen empiiriseen minään kolmella tavalla: omanatuntona, totuuden etsimisenä ja puhtaana, epäitsekkäänä rakkautena. Ervastin ja P. B:n kuvaukset ovat tässä mielestäni hienosti toisiaan täydentäviä.

Filosofisessa vaiheessaan P. B. toi esille Yliminän yhteyttä Maailman Mieleen (World-Mind); ruusuristiläisessä ajattelussa tätä kuvaa jumalainen Itse, jonka yhteyteen korkeampi minä tulee vihkimysprosessin myötä. P. B. ei puhu vihkimyksistä teosofiseen tapaan, mutta hän näyttää kuvaavan vastaavia saavutuksia Yliminän kannalta. Ihmisen korkein päämäärä on P. B:n mukaan pysyvä yhteys Yliminän kanssa. Matkan varrella etsijä saa jo kokea yhteyttä Yliminäänsä harvoissa, ohikiitävissä hetkissä. P. B:n käsityksen mukaan Yliminän kanssa yhdistynyt tietäjä kyllä on Valossa, mutta hänkin on jumalallisen Mysteerin ulkopuolella. (Tarkoittaakohan hän tässä Maailman Mieltä vai Absoluuttia?)

Brunton henkisenä opettajana

Mielestäni on selvää, että P. B. oli henkinen opettaja, koska hän antoi yksityiskohtaisia neuvoja mietiskelystä ja henkisestä pyrkimisestä kirjoissaan. Hänellä oli myös oppilaita ympäri maailmaa. P. B. ei pitänyt luentoja, mutta hän otti ihmisiä vastaan ja piti yllä laajaa kirjeenvaihtoa. P. B. antoi henkistä opetusta, mutta suhtautui tietyllä varauksella organisoituihin henkisiin ryhmiin ja varsin kriittisesti perinteiseen guru-oppilassuhteeseen. P. B:n mukaan Yliminä on ainoa opettaja, jota tulee etsiä ennen muita; samalla kannalla oli myös Ervast.

P. B:n opetusten käytännöllinen puoli painottui mietiskelyn selvittämiseen, mutta hän toi myös esille etsijän eettisiä edellytyksiä. Hän painotti moraalisen pyrkimyksen, tunteiden puhdistamisen ja itsekasvatuksen merkitystä osana henkistä tietä. P. B. kehotti harjoittamaan mietiskelyä ja samanaikaisesti puhdistamaan ja jalostamaan luonnetta. Hän totesi, että itsekäs ego on esteenä Yliminään yhdistymiselle; tämä este ei poistu pelkästään mietiskelyä harjoittamalla. Opetus on ruusuristiläisestä näkökulmasta hyvin tuttua ja kannatettavaa. Eroa lienee lähinnä painotuksessa: Ervast suositteli Vuorisaarnan inspiroimaa rukousmietiskelyä ja korosti eettistä pyrkimystä – lyhyesti sanottuna Jeesuksen seuraamista – puhdistuksen tien tärkeimpänä asiana. Ervast totesi painokkaasti, että ilman mietiskelyä on mahdotonta edistyä puhdistuksen tiellä. P. B. puolestaan sanoi, ettei mietiskelyssä voi edistyä pitkälle ilman luonteen jalostamista.

P. B:tä ja Ervastia yhdistää myös Vuorisaarnan arvostus kristinuskon eettisenä ydinopetuksena. P. B. sanoikin, että Vuorisaarnassa käytännöllinen kristinusko on ilmaistu äärimmäisen hienolla tavalla. Tosin yksi tärkeä ero P. B:n ja Ervastin eettisten opetusten välillä löytyy: P. B:n mielestä väkivallasta ja sodasta kieltäytyminen – ahimsa – sopii vain maailmasta vetäytyneille askeeteille, kun taas Ervastin opetuksissa se kuuluu kaikille Uuden liiton tien kulkijoille.

Ei liene yllätys, että P. B. sai myös kritiikkiä osakseen. Ehkä vakavin arvostelu häntä kohtaan tuli Jeffrey Massonilta (Masson, 1992), jonka vanhemmat olivat innokkaita P. B:n oppilaita. Massonin kritiikki on päässyt P. B:stä kertovalle Wikipedia-sivullekin. Esitän tässä muutamia syytöksiä, joiden perusteella P. B. on joskus saatettu kyseenalaiseen valoon.

P. B. ennusti v. 1942, että kolmas maailmansota syttyisi v. 1962. Tämän johdosta osa hänen oppilaistaan, Massonit mukaan lukien, muuttivat Etelä-Amerikkaan, koska P. B. uskoi sen olevan ainoa turvallinen manner. P. B. kuitenkin perui ennustuksensa v. 1961 lähettämällä oppilailleen kirjeen, jossa hän sanoi, että silloisissa oloissa oli mahdotonta ennustaa tulevaisuutta. Hän kuitenkin edelleen piti vuotta 1962 kriittisenä maailmanrauhan kannalta. Tätä ennustusta voidaan pitää oikeaan osuneena: ihmiskunta oli lähempänä ydinsotaa kuin koskaan aikaisemmin Kuuban ohjuskriisin aikana lokakuussa 1962.

Masson opiskeli Harvardissa sanskritia. Hän huomasi, ettei P. B. osannut tätä lainkaan lukuun ottamatta yksittäisiä sanoja. Lisäksi kävi ilmi, että P. B:n ei ollut hankkinut tohtorin arvoa akateemisilla ansioilla. Voidaanko siis vetää johtopäätös, että P. B. oli huijari, koska hän ei kyennyt lukemaan Vedantan tekstejä alkukielellä? Ei tietenkään voida, koska P. B:n opettajista erityisesti Iyer oli perehtynyt intialaisiin teksteihin alkukielellä, ja häneltä P. B. oppi paljon advaita vedantan sisällöstä ja henkisestä tulkinnasta. Ehkä P. B. antoi seuraajiensa ymmärtää – ainakin Masson antaa sellaisen vaikutelman – osaavansa sanskritia paremmin kuin todella osasi, mutta hänen opetuksensa arvo ei ole sen varassa. Henkinen tieto ei vaadi akateemisia oppiarvoja tai sanskritin teknistä osaamista.

P. B. oli antanut Massonin isälle sijoitusneuvoja, jotka osoittautuivat kannattamattomiksi. P. B. myönsi, että hän oli tehnyt virheitä ja oli siitä pahoillaan. Hän toivoi, että Massonin isä olisi saanut vuosikymmenien aikana häneltä edes jotakin henkistä apua, joka voisi korvata taloudelliset menetykset. Hän lupasi yrittää korvata aiheuttamansa harmin lupaamalla muistaa Massonin isää päivittäisissä mietiskelyissään, vaikka siitä ei kenties olisi hyötyä hänelle vielä tässä inkarnaatiossa. Itseäni liikutti lukea tästä P. B:n anteeksipyynnöstä. Ehkä siinä toteutui jokin karma, koska P. B:llä oli henkisen tiensä mystisessä vaiheessa suuri kiinnostus okulttisiin kykyihin ja voimiin. Myöhemmässä vaiheessa hän luopui tästä pyrkimyksestä ja sanoi, että Yliminän saavuttaminen on verrattomasti suurempaa kuin mitkään kyvyt. Tämä on käsittääkseni puhdasta teosofiaa.

Bruntonin valaistuminen

Esitän lopuksi otteita P. B:n valaistumiskokemuksesta (Hurst, 1989; käännös Ilkka Castren). Ainakin tämän kirjoittajasta kokemus vaikuttaa hyvin autenttiselta.

Oma lopullinen valaistumiseni tapahtui 1963. Aivan kuin olisin kokenut pommin räjähdyksen tietoisuudessani, kuin pääni olisi haljennut auki. Tämä tapahtui yöllä unen ja valveen välitilassa ja johti mielen liikkumattomuuden ja hiljaisuuden syvenemiseen: ei ollut lainkaan tarvetta meditoida. Bhagavad Gitan kohta joka mainitsee, että Tietäjälle päivä on kuin yö ja yö on kuin päivä, tuli kirjaimellisesti todeksi ja jatkuu sellaisena. Kokemus tuli itsestään ja ymmärsin, että Jumaluus oli aina ollut kanssani ja sisälläni.

Tunsin että rakkauteni ihmisiä kohtaan ei vähentynyt, vaan päinvastoin se kasvoi suuresti. Jotkut ihmiset näyttävät pelkäävän, että heidän täytyisi luopua henkilökohtaisista rakkauden tunteistaan, jos he astuvat henkiselle polulle. Totuus on, että he tulevat suomaan enemmän todellista rakkautta, jos se tulee heidän korkeamman itsensä kautta. Minä olin rakkaus, ei tarvinnut edes yrittää rakastaa ketään.

Lähteitä

Brunton, Paul (1981). *Salaista Intiaa etsimässä*. Karisto.

Brunton, Paul (1991). *Ajatuksia etsijän tieltä*. Karisto.

Fung, Annie Cahn (1992). *Paul Brunton A Bridge Between India and the West*. A doctoral thesis presented to the Department of Religious Anthropology Universite de Paris IV Sorbonne, 1992.

Hurst, Kenneth Thurston (1989). *Paul Brunton, A Personal View*. Larson Publications.

Masson, Jeffrey Moussaieff (1992). *My Father's Guru: A Journey Through Spirituality and Disillusion*. Addison Wesley Publishing Company.

Yrjö Kallinen teosofina, pasifistina ja puolustusministerinä

Johdanto

Yrjö Kallisesta (1886–1976) on puhuttu kävelevänä paradoksina: kuinka on mahdollista, että pasifistista tuli puolustusministeri II maailmansodan jälkeen vieläpä niin, että hän ei luopunut pasifismistaan? Vuoden 1918 sisällissodassa hän yritti parhaansa mukaan toimia Oulussa rauhanvälittäjänä valkoisten ja punaisten välillä, mutta sai neljä kuolemantuomiota ilmeisesti vain siksi, että hän oli näkyvästi sosiaalidemokraatti. Yksi syy Kallisen tuomioiden ankaruuteen saattaa tosin olla se, että hänet sekoitettiin toiseen samannimiseen henkilöön, kemiläiseen punakaartilaiseen (Nieminen, 1978, 42).

Kallinen oli Teosofisen Seuran jäsen vuodesta 1909 elämänsä loppuun saakka, ja hän oli Krishnamurtin ajattelun tuntija ja ihailijakin. Silti mikään näistä ei kunnolla pysty määrittelemään häntä ihmisenä: Kallinen oli itsenäinen ajattelija ja totuudellisuuteen herännyt ihminen.

Kallinen aloitti työuransa rautatien palveluksessa, mutta päätyönsä hän suoritti osuustoimintaliikkeen parissa. Hän oli hyvin suosittu puhuja, joka kiersi puhumassa ympäri Suomea, ja myös eri puolilla maailmaa. Laajat tietonsa ja hyvän englanninkielen taitonsa hän oli hankkinut ilman muodollisia tutkintoja tai kouluja. Kirjailija Erno Paasilinnan sanat sopivat Kalliseen erityisen hyvin: "Itseoppinut on ainoa oppinut. Muut ovat opetettuja."

Yrjö Kallinen teosofina

Kallinen tutustui teosofiaan alle 20-vuotiaana. Pian sen jälkeen tapahtui ns. Kontinkankaan ihme, jota Kallinen kuvasi teosofishenkisessä *Elonpyörä*-lehdessä v. 1969 seuraavalla tavalla (Rasku, 1979, 25–26):

> *Olin eräänä sunnuntaiaamuna kävellyt hyvin rauhallisessa mielenti-*
> *lassa kotikaupunkini Oulun ulkopuolella. Halusin olla yksin ja katsel-*
> *la tätä olevaista ja ihailla kaunista kesäaamua. Näin vastaani tulevan*

miehen... Miehen tultua parin kolmen metrin päähän, nostin katseeni
ja katsoin miestä silmiin ja yhtäkkiä salamana näin edessäni mysteerin
– sanomattoman pohjattoman ihmeen... hänen silmissään minä näin
tajunnan ja ymmärsin, mikä sanomaton ihme tämä oli. Näin olematto-
muuden taustaa vasten, että jotakin oli... Tämä kokemus ei ole koskaan
haihtunut. Minun tarvitsee vain hiljentyä hetkeksi ja vastassani oleva
ihminen muuttuu jumalaiseksi mysteeriksi. Se tieto säilyy minussa ja
voin nähdä sen minä hetkenä tahansa uudestaan. Tästä minä päättelen,
että on ihmisiä, jotka jatkuvasti elävät tuossa tilassa, vieläpä paljon
syvällisemmässäkin.

Ilmeisesti tämän kuvauksen innoittamana Esa Kirkkopelto käsikirjoitti ja
ohjasi näytelmän *Yrjö Kallisen valaistuminen*. Näytelmän nimi on osuva, ja
kuvannee kokemusta hyvin. Tässä on mielenkiintoista se, että Kallinen oli
vasta nuorukainen kokemuksen tapahtuessa. Se on teosofiselta kannalta
tulkittuna merkki siitä, että hän oli aikaisemmissa elämissään voimakkaasti
etsinyt totuutta ja saavuttanut yhteyden korkeampaan minäänsä. Kallisen
omat kirjoitukset antavat tukea esittämälleni tulkinnalle (Salminen, 2011,
28–29):

Kuten janoinen vaeltaja juo kirkasta vettä, olin juonut ihmeellisten
kirjain ajatuksia... Tuntui, että kaikki oli tuttua, että jokin ammoin
ollut palasi luokseni mukanaan ammoin olleen pyhä hehku. Tuntui kuin
käsittäisin sarjan ajatuksia yhden ainoan ajatuksen luettuani.

Ihminen joutuu yleensä palaamaan takaisin arkitajuntaansa henkisen ko-
kemuksen jälkeen. Kalliselle kuitenkin oli hänen omien sanojensa mukaan
mahdollista palauttaa tuo kokemus ja sen tuoma kyky nähdä toinen ihmi-
nen "jumalallisena mysteerinä". Kokemus ei jäänyt hänellä ainoaksi. Hän
kuvaa myös erästä junamatkaa ilmeisesti teosofisen kokouksen jälkeen
(Salminen, 2011, 29):

Yhtäkkiä tajusin, että elämässä on johdatus, että se on katkeamaton
hetkestä hetkeen jatkuva, ja että se on hyvä. Tunsin, tajusin selvästi, että
jännitys, ponnistelu on turhaa, että elämä on täydellinen, vain minun
mieleni on jännittynyt, suotta huolestunut... kaikki soljui ilontäytei-
senä, ikuisesti harmoonisena. En voinut puhua tunnostani ihmisille
junassa, mutta katsoin heitä kuin sanoen: ettekö käsitä, että kaikki on

hyvin, rakkaat olennot, kaikki on hyvin!… Vähitellen haihtui tuntoni ja palasi tavalliseen tilaansa. Tapahtuman tuoksu vain jäi jäljelle, eikä se haihtunut milloinkaan.

Tämä kokemus on ollut monella muullakin ihmisellä. Esimerkiksi kuolemanrajalla käyneet usein kertovat, että elämä kaikkine vastoinkäymisineen näyttäytyy korkeammassa valossa syvästi merkityksellisenä ja pyhänä.

Suomen Teosofinen Seura oli perustettu v. 1907 ja Kallinen liittyi siihen v. 1909. Hän matkusti tapaamaan Seuran Perustaja-Ylisihteeri Pekka Ervastia, jolta kysyi voisiko hän tulla hyväksytyksi jäseneksi. Ervast oli ollut ensin hiljaa ja sitten kysynyt: "Oletteko vakavasti ajatellut, mitä Teosofisen Seuran jäsenyys merkitsee?" Saatuaan myönteisen vastauksen, Ervast lausui Kallisen sydämellisesti tervetulleeksi. Kallinen mainitsi tapahtumasta myös sen, että hän syvästi kunnioitti Ervastia. Teosofisen Seuran jäsenkirjaa hän piti arvokkaimpana jäsenkirjana vielä vanhoilla päivillään. Siinä oli Ervastin ja kansainvälisen Teosofisen Seuran johtajan Annie Besantin allekirjoitukset.

Kallinen perusti ystäviensä kanssa Ouluun Aatto-looshin vuoden 1911 lopussa. Kallinen valittiin puheenjohtajaksi, missä tehtävässä hän toimi vuoteen 1918 saakka. Hän oli mukana Suomen Teosofisen Seuran ensimmäisillä kesäkursseilla Kiteellä v. 1912 (pienenä yksityiskohtana mainittakoon, että kesäkurssikuvassa Kallinen seisoo J. R. Hannulan vieressä). Kallinen toimi Ervastin pyynnöstä kiertävänä teosofisena puhujana v. 1913; hän otti kolme kuukautta vapaata rautateiden palveluksesta. Kun Ruusu-Risti perustettiin v. 1920, Kallinen jäi Teosofiseen Seuraan. Nieminen (1978, 194) kuitenkin kertoo Kallisen elämänkerrassaan, että Ervastin ja Kallisen ystävyys säilyi rikkumattomana. He kävivät myös kuuntelemassa toistensa luentoja.

Kallinen oli mukana perustamassa kahta muutakin teosofista looshia: v. 1933 perustettiin Uranus-looshi ja v. 1941 Septima-looshi, jonka puheenjohtajana hän toimi vuoteen 1953 saakka. Hän toimi lisäksi vuodesta 1922 alkaen vuosikymmenten ajan Teosofisen Seuran varapuheenjohtajana ja myöhemmin hänet kutsuttiin sen kunniajäseneksi. Kallisen puheista Teosofisessa Seurassa vuosina 1941–54 on julkaistu kirja (Kallinen, 1997).

Kuten edellä esitetystä käy ilmi, Kallinen oli teosofi monessakin mielessä. Hän oli Teosofisen Seuran aktiivijäsen, mutta hänellä oli myös omakohtaista kokemusta todellisesta teosofiasta, joka on yhteyttä henkiseen todellisuuteen. Mutta millainen oli hänen teosofinen maailmankatsomuksensa? Kun lukee Kallisen puheita ja ajatuksia, hän ei juurikaan puhu teosofian metafyysisistä opeista tai puhuu niistä vain viittauksin. Kalliselle oleellista teosofiassa oli totuudellinen mielenasenne, itsenäinen ajattelu, kyky herätä unesta ja elää täydesti tässä ja nyt. Kallinen julkaisikin jatkosodan aikaan ilmeisesti ensimmäisen suomenkielisen esityksen zen-buddhalaisuudesta. Kallisen asennetta totuuteen kuvaa hyvin seuraava lainaus (Nieminen, 1978, 194–95):

Mitään todellista totuutta ei koskaan ratkaista järkeillen eikä määritellen. Totuus on nimittäin kaiken määrittelymme tuolla puolen. Sitä ei voida sanoa, ei edes ajatella, se voidaan vain elää.

Kallinen oli kriittinen uskontojen tiettyjä piirteitä kohtaan, jotka olivat räikeässä ristiriidassa uskontojen perustajien opetusten kanssa: esimerkiksi Buddhan jalo oppi ja rukousmyllyjen pyörittäminen, Jeesuksen Vuorisaarna ja inkvisitio ja uskonsodat, hindulaisuuden ylevät opetukset kaiken perimmäisestä ykseydestä ja rautainen kastilaitos. Kallinen erosi luterilaisesta kirkosta v. 1933 Lapuan liikettä kannattavien pappien vuoksi, mutta palasi kirkon jäseneksi v. 1950, koska koki, että on parempi tehdä yhteistyötä kuin ylläpitää vastakkainasettelua (tietenkään hän ei uskonut kirkon dogmeihin sen enempää kuin ennenkään). Ruusuristiläiseltä kannalta voi sanoa, että todelliseen kristinuskoon hän suhtautui hyvin myönteisesti: Kallinen mielellään siteerasi Mahatma Gandhin ajatusta Vuorisaarnasta yhtenä maailmankirjallisuuden kirkkaimpana helmenä. Teuvo Rasku (1979, 235–37) kertoi Vuorisaarnaan liittyvän anekdootin. Rasku oli keskustellut Kallisen kanssa Vuorisaarnan etiikasta hyvin myönteiseen sävyyn. Rasku oli kuitenkin puhelimessa huomauttanut, että Jeesus puhuu nimenomaan Vuorisaarnassa helvetistä. Tämä oli Raskun mielestä korkean moraalin kannalta ristiriitainen opetus. Kallinen suhtautui kritiikkiin suuttahtamalla ja lyömällä puhelimen luurin kiinni. Raskun ja Kallisen ystävyys kesti tämän pienen episodin.

Kallinen oli kuuntelemassa Krishnamurtia v. 1929 Ommenissa, jossa Krishnamurti irtisanoutui Idän Tähti -liikkeestä, joka oli pitänyt häntä uutena messiaana. Tämä sai Kallisen meditaation tilassa kysymään, onko Krishnamurti totta vai valhetta. Kallinen sai vastauksen kysymykseensä:

Krishnamurti oli todellinen opettaja. Kallisen omassa julistuksessa onkin paljon samaa kuin Krishnamurtin opetuksissa, mutta on syytä huomata, että Kallinen puhui samoista asioista jo ennen Krishnamurtia, kuten seuraavasta otteesta v. 1923 käy ilmi (Salminen 2011, 94):

> *Monta kertaa olen tarttunut totuuteen määritelmän kouralla ja sanonut vastaantulijoille: katsokaa, totuus on tässä. Mutta kotonani olen huomannut kourani tyhjäksi, vain häipyvä tuoksu on siitä kasvoilleni lemahtanut. Ja niin olen vähitellen jättänyt määritelmän toisensa jälkeen ja alkanut miettiä totuutta kaikkien määritelmien tuolla puolen.*

Kallinen kuuli Krishnamurtin puheita kolme kertaa elämänsä eri vaiheissa ja luki mielellään hänen puheistaan koottuja kirjoja. Vaikka Kallinen näki Krishnamurtissa oikean opettajan, se ei merkinnyt opettajan korokkeelle nostamista. Teosofisen Seuran entinen puheenjohtaja Kirsti Elo kertoi Raskun (1979, 245–46) haastattelussa, kuinka vanhan ja vuoteenoman Kallisen luona vieraili Krishnamurtia syvästi ihaileva nuori nainen, joka oli ulkomaisen looshin jäsen. Keskustelu oli ollut antaumuksellinen, mutta jossakin vaiheessa Kallinen tuohtui ja huusi: "Krishnamurti on valehtelija." Tämä järkytti vierasta niin, että hän puhkesi itkuun. Kallinen pysyi kuitenkin kannassaan, koska Krishnamurti oli kieltäytynyt tunnustamaan omikseen joitakin ajatuksiaan – näitä ajatuksia oli saatavilla painetussa muodossa – jotka olivat ristiriidassa myöhemmän opetuksen kanssa. Kalliselle totuudellisuus oli korkein hyve, eikä hän voinut sietää totuudesta poikkeamista edes arvostamaltaan Krishnamurtilta. (Kallisen huomaamalle ristiriidalle saattaa tosin olla jokin muu selitys kuin tietoinen valehtelu.)

Kallinen pasifistina ja punavankina

Kallisen tiedonjano heräsi jo hyvin nuorena. Erityisesti historiallinen sotaromaanikirjallisuus vetosi häneen. Herkintä nuoruuttaan elänyt Kallinen tuli monen muun pojan kanssa siihen tulokseen, että "kaikkein juhlallisinta, ihaninta mitä, ihmisen elämässä voi olla on sota ja sankarikuolema kuoleman kentällä". Hän uneksi sodasta, kuten teki moni muukin nuori poika ja mies silloisessa Euroopassa. Kallinen heräsi ihanteellisesta sotakäsityksestään luettuaan Bertha von Suttnerin kirjan *Aseet pois*. Sen vaikutuksesta hän tajusi, että romaanikirjailijat olivat antaneet sodasta aivan valheellisen kuvan ja että sota olikin sanomattoman raakaa, tuskaa ja kauhua täynnä. Myöhemmin hän sai vaikutteita mm. Tolstoilta, mikä pakotti kaikkien arvojen uudelleen arvioimiseen. Näin muotoutui Kallisen pasifistinen vakaumus, jonka inspiraationa olivat korkeat ihanteet, mutta pohjana realistinen käsitys sodasta ja sen syistä. Hän tajusi selvästi, kuinka ihmiset tässä sotakysymyksessä ja monessa muussakin asiassa ovat kuin unessa eivätkä ajattele itse, vaan ympäristö ajattelee heissä. Hän totesi, että mikään maa ei koskaan omasta mielestään käy hyökkäyssotaa, vaan kyseessä on korkeintaan ennakoiva puolustussota, jolla estetään vihollisen katalat aikeet omaa maata kohtaan. Kallisen analyysi I ja II maailmansodan henkisestä taustasta on suoruudessaan vertaansa vailla. (Kallinen, 1971a)

Ikävä kyllä historia todistaa Kallisen selvänäköisyyden sotakysymyksessä: suuret kansanjoukot on verrattain helppo saada propagandalla uskomaan, että kyseessä on välttämätön ja oikeutettu sota, olivatpa todelliset syyt sitten mitkä tahansa. Kallinen piti mielettömyytenä ohjetta "jos haluat rauhaa, valmistaudu sotaan"; hänen mielestään "tie rauhaan on rauha". (Gandhi on sanonut saman hieman eri sanoin: "Ei ole tietä rauhaan, rauha on tie.")

Kallisen kuolemantuomio

Kansalaissodasta tuli Kallisen pasifismin tulikaste. Hänet nimitettiin ennen kansalaissotaa työväenneuvostoon, jonka tarkoitus oli Venäjän maaliskuun 1917 vallankumouksen jälkeen pitää levottomana aikana yllä järjestystä. Poliisiin ei tuolloin luotettu, koska poliisi oli aikaisemmin toiminut Venäjän vallan alaisuudessa. Näin Kallisesta tuli Oulun (aseeton) poliisitarkastaja. Kallinen tekikin kaikkensa, että Oulussa säilyi rauha työläisten ja porvarien välillä. On huomattava, että Kallinen pasifistina ei koskaan kuulunut punakaartiin.

Kansalaissodan sytyttyä myös Oulua kohti oli tulossa valkoinen sotajoukko. Kallinen sai Oulun työväestön vakuuttumaan, että verenvuodatus olisi täysin turhaa ja sai valtuudet neuvotella Oulun antautumisesta (Salminen, 2011, 51–52). Kallinen meni muiden rauhanneuvottelijoiden kanssa junalla valkoisia vastaan ja sai aikaan sopimuksen valkoisten edustajien kanssa. Palattuaan Ouluun Kallisen rauhansuunnitelman hyväksyivät työväenneuvosto, punakaarti ja venäläinen varuskunta, jotka siten luovuttaisivat aseensa ja Oulun taistelutta valkoisten haltuun. Venäläiset sotilaat halusivat vain palata takaisin kotimaahansa.

Kallinen matkasi taas junalla tekemään sopimusta, mutta tällä välin ehdot olivat muuttuneet. Mannerheimille oli kerrottu, että Oulu oli jo vallattu, ja lehdistölle oli jo annettu asiasta tieto. Kun tieto osoittautui vääräksi, Mannerheim antoi käskyn vallata Oulu viivyttelemättä, että tilanne olisi annetun tiedonannon mukainen. Tällä välin Ouluun matkalla olleiden valkoisten joukkojen johtaja oli vaihtunut. Kallinen sai kuulla, että antautumista vaadittiin ilman ehtoja, eikä aikaisemmin tehty sopimus ollut enää voimassa, joten Kallinen joutui palaamaan Ouluun murheellisten uutisten kanssa. Rauhan sijaan tuli aseellinen yhteenotto. Vaikka Kallinen ei osallistunut mihinkään sotatoimiin, hänet vangittiin "yhtenä pääpukarina". Kallinen uskoi omien sanojensa mukaan naiivisti, että hänet vapautettaisiin pian, koska hän oli tehnyt kaikkensa järjestyksen ja rauhan puolesta, minkä myös porvarilliset lehdet olivat tunnustaneet. Näin ei kuitenkaan käynyt, vaan hän sai neljä (!) kuolemantuomiota. Kallinen oli vangittuna lähes neljä vuotta.

Kallinen itse kertoo ensimmäistä kuolemantuomiostaan kirjassaan *Hälinää ja hiljaisuutta* (Kallinen, 1958, 74–78). Oikeudenkäynnissä luettiin asiakirjoja, joissa kerrottiin Kallisen osuus tapahtumien kulkuun hänen oman todistuksensa mukaisesti. Oikeudessa luettiin myös oululaisten merkkihenkilöiden luonnetodistuksia Kallisesta, jotka olivat kaikki hyvin myönteisiä: Kallisen tunteneet tiesivät, että hän ei ollut mukana kapinassa, puhumattakaan aseellisesta kapinasta. Jotkut antoivat lausunnossaan pantiksi oman vapautensa ja jopa henkensä Kallisen nuhteettomuuden puolesta. Myöhemmin myös Ervast lähetti Kallista auttaakseen kaksi vetoomuskirjettä (Ervast, 1918), jotka toivat ilmi Ervastin luottamusta Kalliseen (alla jälkimmäinen kirje):

> *Vakuutettuna siitä, että jos Yrjö Kallinen sitoutuu olemaan politiikkaan sekaantumatta, hän myös ehdottomasti pitää lupauksensa, ja toivoen, että hän pääsisi vankeudesta vapaaksi saadakseen työskennellä teosofisella alalla, menen kaikesta sydämestäni hänestä takuuseen.*

Oikeuden tuomarin veljenkin lausunto luettiin. Siinä tuomarin veli kertoi, kuinka Kallinen oli rohkeasti pelastanut hänet vaikeasta tilanteesta, jossa venäläiset sotilaat olivat ahdistelleet häntä. Kallinen ei edes tuntenut kyseistä miestä, mutta hän oli valmis auttamaan jokaista. Kallisen kuolemantuomioon tällä eikä hänen rauhanvälityksellään ollut mitään merkitystä, koska tuomarin mukaan "kyllähän me kaikki tiedämme, että Kallinen on ollut hyvä mies, mutta hän on mennyt pilalle". Ehkä erikoisinta oikeudenkäynnissä oli syyte, jonka mukaan hän ei ollut estänyt Oulun taistelujen syntymistä, vaikka olisi siihen pystynyt! Kuolemantuomio tuli kapinasta, valtio- ja maanpetoksesta. Perusteluna oli valheellinen väite, jonka mukaan Suomi oli v. 1918 sodassa Venäjää vastaan, ja Kallinen oli yhdessä venäläisen sotaväen kanssa yrittänyt kumota Suomen laillisen hallituksen.

Hyvyyttä ja vapautta kalterien takana

Rasku (1979, 62–63) oli kysynyt Kalliselta, milloin hän oli pitänyt parhaimman puheensa. Kallinen kertoi, että hän oli jo tovereidensa kanssa kaivanut oman hautansa. Hän oli kysynyt komentavalta upseerilta, saisiko sanoa pari sanaa tovereille. Hän sai luvan ja kun puhe päättyi, toverit ja teloitusryhmä itkivät. Upseeri oli sanonut, että "Kallinen astuu ulos rivistä". Tarinaa ei kerrota tietääkseni muualla kuin Raskun kirjassa. Tarinassa mietityttää itseäni se, että Kallinen tuskin olisi hyväksynyt omaa pelastumistaan ja toisten teloitusta. Tätä asennetta kuvaa hyvin Niemisen (1978, 54) kertoma tapaus. Presidentti Ståhlberg olisi myöhemmin presidentiksi tulleen Kallion vaikutuksesta armahtanut Kallisen, mutta hänen olisi itse pitänyt anoa itselleen armoa. Kallinen kieltäytyi sanomalla: "En milloinkaan enkä missään muodossa pyydä itselleni erikoisvapautusta." Kallinen oli kuitenkin pyytänyt välittämään kunnioittavat kiitokset ministeri Kalliolle ystävällisestä tarkoituksesta. Kallinen oli vankeuden aikana myös tarjonnut omaa henkeään vastineeksi sille, että joku perheellinen mies pääsisi kotiinsa pitämään huolta vaimostaan ja lapsistaan.

Eräs vankitoveri oli muistellut, että Kallinen oli ollut vankileirillä kuin Vapahtaja: hän oli kiertänyt kärsivien ja kuolevien keskuudessa ja lohduttanut heitä. Kallisen itsensä sairastuttua, hänen ystävänsä myi takkinsa saadakseen nälkiintyneelle Kalliselle leipää. Kallinen ei sitä aluksi suostunut ottamaan, koska leipä ei ollut hänen. Ystävä oli itkun kanssa saanut kuitenkin Kallisen syömään leipää. Kallinen oli leipää syötyään tuntenut kuin voimavirran käyvän lävitseen, mistä oli alkanut tervehtyminen. Ystävä oli selvästi tajunnut, että Kallinen ei saa kuolla; hänellä oli niin suuri merkitys vankien keskuudessa.

Kallinen pääsi kirjurin tehtäviin ja kuolemantuomio muuttui elinkautiseksi. Hänet siirrettiin Tammisaaressa yksityisselliin, ja elinolot olivat jo varsin hyvät. Tätä hän piti mystisenä käännekohtana. Kallinen toteaa, että hänellä oli ollut vaikeissa oloissa mukanaan suuri varjelus. Häntä ei oltu pahoinpidelty, vaikka hän oli monta kertaa puuttunut tapahtumien kulkuun. Hän kertoi viettäneensä Tammisaaren vankilassa eräitä elämänsä syvimpiä onnenhetkiä. Hän oli kokenut olleensa kaltereista huolimatta vapaa ja havainnut todeksi sen, että todellinen vapaus ei riipu toisten ihmisten asettamista rajoituksista tai niiden poissaolosta.

Vankilassa Kallinen vannoi itselleen valan, jonka hän ilmeisesti kykeni pitämään elämänsä loppuun saakka (Salminen 2011, välilehti):

Vannoin itselleni, että en enää ikinä tässä tai tulevissa maailmoissa tottele ketään enkä mitään arvovaltaa, käskijää, hallitusta, jumalia tai enkeleitä, missään muussa kuin siinä, minkä myönnän oikeaksi tai parhaaksi mahdolliseksi.

Vala tuntuu ikään kuin korkeammalle minälle annetulta lupaukselta; sen antoi ihminen, joka oli katsonut kuolemaa silmiin. Mielenkiintoista siinä on se, että vala koskee myös näkymättömän maailman valtoja. Kallisen vala tuo mieleen Buddhan *Kâlâma-sutta*-opetuspuheen.

Kallisen tie talvi- ja jatkosodan jälkeen puolustusministeriksi

Kallinen ei uskonut talvisodan syttymiseen, ja sen syttyminen oli hänelle yllätys. Kallinen suhtautui kuitenkin talvisotaan vähemmän kriittisesti kuin jatkosotaan, jota hän piti selvänä hyökkäyssotana. Hän puhui ja kirjoitti sodan ja rauhan näkemyksistään myös sotien aikana. Hänen käsityksensä oli, että Suomessa noussut Lapuan liike ja siihen liittyvä sotainto oli yhtenä taustasyynä Suomen osuuteen II maailmansodassa. Kallinen huomasi surukseen, että myös teosofiveljet olivat jossain määrin kansallistunnon vallassa sodan kannalla. Kallinen kamppaili asian kanssa ja saavutti asiassa rauhan itsensä kanssa, kuten seuraava vuonna 1941 kirjoitettu kirje osoittaa (Salminen, 2011, 142):

Omasta puolestani olen kokenut, että sen jälkeen, kun tämä asia [rauhanasia] minulle täysin selvisi, olen päässyt sisäisesti täysin rauhalliseen ja veljelliseen suhteeseen eri kannalla olevien teosofien kanssa. Niin kauan kuin yritin heitä ikään kuin vetää pois siitä mielestäni järjettömältä ja täysin epäteosofiselta kannalta, millä hämmästyksekseni huomasin heidän olevan, niin kauan tunsin jännitystä ja ristiriitaa. Nyt hymyilen heille ystävällisesti tavatessamme.

Kallisesta tuli sotien jälkeen valituksi v. 1945 kansanedustajaksi sosiaalidemokraattisen puolueen Turun läänin vaalipiiristä. Pääministeriehdokas Mauno Pekkala pyysi Kallista kansliaministeriksi. Kallinen suostui ensihämmästyksen jälkeen pyyntöön. Pekkala oli ajatellut ottaa puolustusministerin salkun itselleen pääministerin toimen ohella, mutta tälle oli perustuslaillinen este. Niinpä puolustusministerin salkkua tarjottiin Kalliselle, joka kieltäytyi sanomalla: "Minä olen kantani elämässä valinnut, enkä aseta pikkusormeani sodan puolesta." Pekkala pyysi kuitenkin vielä harkitsemaan asiaa, ja niin Kallisesta tuli puolustusministeri kuitenkin ehdolla, että hän hoitaa vain rauhanomaiset tehtävät; sotilaallisiin asioihin hän ei tulisi puuttumaan. Puolustusvoimille Kallisen valinta oli suuri yllätys. Miten ehdoton pasifisti tulisi puolustamaan maata?

Kallinen hoiti tehtävän ikään kuin hän olisi ollut rauhanministeri. Hän edisti kansainvälistä yhteisymmärrystä, piti yhteyttä maahan saapuviin sotilasasiamiehiin ja diplomaatteihin. Tästä ystävyys- ja yhteistyötoiminnasta syntyi elinikäisiä ystävyyssuhteita. Myös puolustusvoimien kannalta hän oli onnistunut valinta: hän kiinnitti huomiota henkilökunnan hyvinvointiin ja jätti sotilasasiat armeijan edustajien hoidettavaksi. Kallista pidettiin toimissaan hyvin oikeudenmukaisena ja tasapuolisena joka suuntaan. Kallinen sai eräältä evp. majurilta Kuopiosta kirjeen, joka kertoo Kallisen nauttimasta arvostuksesta ja jopa ihailusta (Nieminen, 1978, 110):

Älkää Te, Herra Ministeri, jättäkö paikkaanne Puolustusministerinä. Tiedän, että tätä toivoo koko armeijan upseeristo ja aliupseeristo sekä me evp. upseerit. Syvällä kunnioituksella…

Oman puolueen johtomiehet eivät Kallisesta välttämättä pitäneet. Tähän oli syynä hänen lahjomattomuutensa ja rehellisyytensä. Kallinen oli sitoutunut yhteiseen päätökseen, jonka mukaan millään puolueella ei ollut erillisoikeutta pitää radiossa puheita. Puoluetoimistosta kuitenkin soitettiin ja vaadittiin Kallista toimimaan puolueen edun mukaisesti sovittua linjaa vastaan. Kallinen luonnollisesti kieltäytyi, jonka vuoksi häneltä kysyttiin uudelleen, eikö hän aio totella. Kallisen vastaus oli hyvin suoraviivainen (Nieminen, 1978, 119, hieman sensuroitu seuraavassa):

> Kuule... minä olen asian puolesta tehnyt työtä yhden kuolemantuomion ja yhden elinkautisen verran, mulla on päälläni oilut molemmat tuomiot, kun sinä vielä kastelit housujasi. Jos sinä... nulikka luulet panevasi Yrjö Kallisen polvilleen, niin mulla on yksi ainoa vastaus, kuuntele tarkoin: ...ja löin luurin kiinni.

Kallisen kausi puolustusministerinä kesti hieman yli kaksi vuotta. Joidenkin mielestä on mahdotonta, että pasifisti voisi olla puolustusministerinä ja säilyttää rauhanvakaumuksensa. Häntä on syytetty myös vallan kiusaukseen sortumisesta. Elämä on kuitenkin ihmeellisempää kuin ihmisten asettamat rajapyykit. Kallisen ministerintoimessa oli jotakin kohtalonomaista: hän ei itse siihen millään tavalla pyrkinyt. On perusteltua ajatella, että Suomi nimenomaan tuolloin tarvitsi Kallisen kaltaista rauhanrakentajaa.

Ministerikauden jälkeisestä elämästä

Ministerikautensa jälkeen Kallinen jatkoi ahkeraa puheiden pitoa Suomessa. Hän puhui myös Intian pasifistikongressissa v. 1949. Gandhin poika Manilal Gandhi kertoi, että Kallisen puhe oli hänen kuulemistaan puheista yksi parhaita. Kallinen jatkoi työtään myös eläkkeellä ollessaan. Kallisen haastattelua *Elämmekö unessa* voidaan pitää Kallisen henkisenä testamenttina. Haastattelu on edelleen katsottavissa internetissä (Kallinen, 1971b), ja se on julkaistu myös osana kirjaa (Kallinen, 1971c). Suosittelen lämpimästi haastattelun katsomista; siinä Kallisen julistus tulee kirkkaasti ja voimakkaasti esille.

Viimeisinä elinvuosina Kallinen sokeutui. Hänen vaimonsa Aune Esteri piti Kallisesta hyvää huolta loppuun saakka; Kallinen eli lähes 90-vuotiaaksi. Kuolinvuoteellaan Kallinen sanoi vaimolleen useita kertoja: "Rakkaus on kaikkein tärkein."

Pohdintaa

Kallinen sai julkista tunnustusta osakseen: tästä yhtenä osoituksena presidentti Kekkonen nimitti hänet opetusneuvokseksi v. 1957. Kallista pidettiin yleisesti mestaripuhujana ja hän saavutti puhetilaisuuksissa, lehdissä, radiossa ja televisiossa pidetyillä esityksillään satoja tuhansia suomalaisia.

Kallisen merkitystä Suomelle arvioi, ehkä yllättäen, eräs eversti seuraavalla tavalla (Nieminen, 1978, 247):

En ole mikään Kallisen sokea ihannoija, mutta olen sitä mieltä, että Kallisella oli paljon suurempi vaikutus koko kansakuntaan, kuin mitä yleensä tiedetään. Ellei Yrjö Kallista olisi ollut, Suomen kansa ja suomalainen yhteiskunta olisi suunnattoman paljon köyhempi...

On hyvin harvinaista, että henkisesti herännyt ihminen pääsee vaikuttamaan jonkin maan politiikkaan ja kohtaloon myös julkisesti. Uskoakseni näin tapahtui Suomessa Kallisen ja Intiassa Mahatma Gandhin tapauksessa. Kallinen tuskin olisi tätä rinnastusta hyväksynyt, mutta mielestäni henkisen elämän inspiraatio näkyy kummankin ihmisen elämässä ja työssä.

Aseettomuudessa ja rauhan tahdossa on eri asteita. Gandhi asetti Vuorisaarnan ja jainalaisen ahimsatulkinnan innoittamana ihanteen korkealle: hänen mukaansa mitään ei voida saavuttaa ilman marttyyriyttä, joka on valmiutta vapaaehtoiseen kärsimykseen ilman, että itse turvautuu väkivaltaan. Tällainen aseettomuus tai paremminkin rauhanrakentaminen vaatii rohkeutta vielä enemmän kuin rohkeus taistelussa. Ervast (1951, 50) esittää sodan ja aseettomuuden ongelmaan hienon näkökulman; seuraavassa otteessa tulee esille rauhanrakentajan ihanne, joka sopii Yrjö Kallisen elämään erinomaisen hyvin:

Kyllä mestarikin tietää sen [sotilaan kyvyn kärsiä ja uhrautua] ja katselee koko lailla vakavasti niitä ihmisiä, jotka lähtevät sotaan. Se on heidän karmansa, vielä heidän koulunsa; ja väärinhän olisi sodasta kieltäytyessään vedota pelkoon ja epämiehekkyyteen... Päinvastoin, ihmisen täytyy olla hyvin miehekäs, ennen kuin hän voi miehekkyydestä kieltäytyä, nousta rohkeutensa yläpuolelle ja kohdistaa miehekkyytensä ja rohkeutensa siihen, että tahtoo kulkea mestarinsa jälkiä.

Lähteitä

Ervast, Pekka (1918). Kaksi kirjettä Kallisen vapauttamisen puolesta. Saatavilla sivulta http://www.pekkaervast.net/kirjeet/#Kallinen_Yrjö.
[Kirjeet löysi tutkija Erik Gullman Kansallisarkistosta.]

Ervast, Pekka (1951). *Kristus meissä.* Ruusu-Risti, Helsinki.
Saatavilla internetistä osoitteessa http://www.pekkaervast.net/teokset/.

Buddha, Gautama. Kâlâma-sutta. Suomeksi teoksessa *Buddhalaista viisautta*. Kääntäneet ja toimittaneet René Gothoni ja Mahâpañña (Mikael Niinimäki), Helsinki 1987. [Usein Buddhan opetus esitetään muodossa, joka ei kuvaa oikein em. Kâlâma-suttan opetusta: ks. https://fakebuddhaquotes.com/do-not-believe-in-anything-simply-because-you-have-heard-it/.]

Kallinen, Yrjö (1958). *Hälinää ja hiljaisuutta*. Helsinki, Kustannusosakeyhtiö Tammi.

Kallinen, Yrjö (1971a). *Kallinen puhuu sodasta*. Osa laajempaa *Elämmekö unessa* -haastattelua. Saatavilla internetistä osoitteessa https://www.youtube.com/watch?v=A77h-uMN1I8.

Kallinen, Yrjö (1971b). *Elämmekö unessa*. Hilkka Pietilän tv-haastattelu. Saatavilla internetistä osoitteessa https://www.youtube.com/watch?v=6z2iUd7J4jI.

Kallinen, Yrjö (1971c). *Elämmekö unessa*. Helsinki, Kustannusosakeyhtiö Tammi.

Kallinen, Yrjö (1997). *Puheenvuoroja Teosofisessa Seurassa vuosina 1941–1954*. Teosofinen Seura.

Nieminen, Saul (1978). *Yrjö Kallinen – mies äänen takana*. Helsinki, Kustannusosakeyhtiö Tammi.

Rasku, Teuvo (1979). *Yrjö Kallinen – legenda jo eläessään*. Porvoo-Helsinki-Juva, WSOY.

Salminen, Matti (2011). *Yrjö Kallisen elämä ja totuus*. Helsinki, Into Kustannus Oy.

III Tieteen ja teosofian rajapinta

Kuolemanrajatutkimus: tiede kohtaa Aikain viisauden

Johdanto

Olin ajatellut pitkään, että tiede ei anna tukea ihmisen kuolemattomuudelle, yliaistillisille kyvyille tai millekään muullekaan "yliluonnolliselle". Olen hieman joutunut korjaamaan käsitystäni tutustuttuani uusimpaan kuolemanrajatutkimukseen, joka on onnistunut pääsemään virallisen tieteen arvostetuille julkaisufoorumeille. Tutkijoille on avautunut mahdollisuus selvittää systemaattisesti kokemuksia, joita joillakin kliinisesti kuolleilla ihmisillä on. Tarkoituksenani on tässä esityksessä tutkia tieteen ja teosofian kohtaamista kuolemanrajatutkimuksessa eli esitellä joitakin keskeisiä tieteellisiä tutkimustuloksia ja arvioida niitä teosofian valossa. Tuon esille myös kritiikkiä, jota ovat esittäneet skeptikot ja toisaalta eräät konservatiivisen kristinuskon edustajat.

Kuolemanrajatutkimuksen tuloksia

Kokemuksen keskeisiä piirteitä

> *Kuolemanrajakokemuksissa voidaan erottaa erilaisia piirteitä; käytän kuolemanrajakokemuksesta alan tutkimuksessa vakiintunutta englanninkielistä lyhennettä NDE (near-death-experience). Kaikki eivät koe kaikkia piirteitä, mutta esitän tässä usein raportoidut kokemukset.*

Ensimmäisenä kokemuksena yleensä on ruumiista irtautuminen. Ihmiset kertovat, että he kuulevat ja näkevät kehonsa yläpuolelta, mitä elvytystilanteessa tapahtuu. Usein tähän liittyy tavallista selkeämpi ja kirkkaampi tietoisuus, vaikka henkilön aivotoiminta on vakavasti rajoittunutta esimerkiksi sydänkohtauksen vuoksi. Kehosta vapautuneeseen tietoisuuteen liittyy monilla suuren ja ehdottoman rakkauden, myötätunnon, ilon ja rauhan kokeminen.

Pieni osa NDE-kokijoista näkee elämänsä kertauksen, joka näyttää elämän merkittävät tapahtumat alkaen syntymästä. Länsimaisista NDE-kokijoista

13 % on raportoinut elämänkertauksen, kun taas joillakin alkuperäiskansoilla NDE-kokemuksiin ei ole liittynyt lainkaan elämänkertausta. Elämänkertaus tapahtuu hyvin nopeasti, mutta silti kokija kykenee seuraamaan sitä intensiivisesti. Aika koetaan paljon nopeammin eli kyseessä on eräänlainen elämän filminauhan pikakelaus. Seuraavassa on otteita, joista tulee hyvin esille elämänkertauksen eettinen luonne ja tapahtumien arvioiminen oikeiksi ja vääriksi:

Näin kuinka itsekäs olin ollut… antaisin mitä tahansa päästäkseni takaisin ja muuttuakseni.

Syntymästä lähtien näet ja tunnet kaikki kokemuksesi ja tunteesi ja toiset, joita olet loukannut; tunnet heidän tuskansa ja tunteensa… En näe mitä toiset ovat tehneet minulle, näen mitä minä olen tehnyt toisille.

…olin hyväksynyt, että jotkut asiat elämässäni olivat pahoja, mutta nyt ne yhtäkkiä katsottiin hyviksi. Vastaavaa tapahtui myös joidenkin asioiden kohdalla, joita olin itse pitänyt hyvinä, mutta nyt ne näyttäytyivätkin pahoina… Yllätyksekseni näin yhden saksalaisen [kokija oli ollut liittoutuneiden puolella toisessa maailmansodassa]. Tämä saksalainen oli taistellut englantilaisen sotilaan kanssa, ja kummatkin olivat haavoittuneet kuolettavasti. Ennen kuolemaansa saksalainen sotilas antoi minulle rautaristinsä, jonka olen säilyttänyt koko elämäni ajan. Hän antoi sen minulle, koska olin antanut hänelle henkosia englantilaisen sotilaan tupakasta. Tämä katsottiin hyväksi teoksi, vaikka tein sen vain englantilaisen sotilaan pyynnöstä…

Tunnelikokemus tapahtuu noin kolmanneksella ihmisistä; he kertovat, että tunneli on monivärinen ja sen läpäisy on hyvin nopeaa. Seuraavana on vuorossa puhtaan kirkas valo, joka ei kuitenkaan ole häikäisevää. Tämä mystinen valo kutsuu voimakkaasti puoleensa; sen kohtaaminen on yleisempää kuin tunnelikokemus. Valossa ihminen kohtaa toisia tietoisia olentoja. Nämä voivat olla edesmenneitä sukulaisia tai tuntemattomia valo-olentoja, jotka kuitenkin tuntuvat hyvin läheisiltä. Eräs kokija kertoi:

Näiden olentojen kohtaaminen oli kuin elämänsä kaikkein tärkeimpien ihmisten uudelleen tapaaminen pitkän eron jälkeen. Tähän uudelleen näkemiseen liittyi ylitsevuotava rakkaus ja ilo.

NDE-kokemuksen aikana ihminen voi kokea ymmärtävänsä kaiken, oman elämänsä, toiset ihmiset ja koko maailmankaikkeuden. Elämä ja olemassaolo tuntuvat syvästi merkityksellisiltä, ihminen kokee kaiken ykseyden. Kokemuksen loppupuolella ihminen kohtaa rajan (tästä kertoi eräässä tutkimuksessa noin kolmasosa kokijoista), jonka ylittämisen jälkeen ei tunnu olevan enää paluuta maalliseen elämään. Hän voi ymmärtää tämän intuitiivisesti tai sitten valo-olento kertoo sen hänelle. NDE-kokemus tuntuu niin taivaalliselta, että paluu sairaaseen ruumiiseen voi tuntua hyvin vaikealta. Päätöstä helpottaa, kun ihminen muistaa tai hänelle muistutetaan lapsista tai muista läheisistä, jotka vielä tarvitsevat häntä.

Hyvin pieni osa NDE-kokemuksista on pelottavia (eräissä tutkimuksissa 1 %). Tällaisia ovat kokeneet jotkut itsemurhaa yrittäneet, huumeiden yliannostuksen ottaneet ja myös aivan "tavalliset" ihmiset, joilla kokemuksen alkuun on liittynyt voimakas kuolemanpelko. Ruumiista irtautumiskokemuksen jälkeen nämä ihmiset saapuvat pimeään tai harmaaseen tyhjyyteen, jossa vallitsee yksinäisyys ja epätoivo. He voivat tuntea pahan olennon läsnäoloa ja kuulla pelottavia ääniä. Jotkut kuvailevat hyvin klassisen helvetin kaltaisen paikan. Näillä ikävilläkin kokemuksilla voi olla positiivinen vaikutus: jotkut ovat ottaneet kokemuksensa varoituksena ja mahdollisuutena muuttaa elämäänsä parempaan suuntaan.

Tarkastellaan seuraavaksi tutkimusta, jota pidetään uraauurtavana NDE-alalla.

van Lommelin tutkimus

Pim van Lommel on hollantilainen kardiologi, joka kohtasi jo uransa alkuvaiheessa kuolemanrajakokemuksen elvytettyään potilaan, joka oli hyvin pettynyt jouduttuaan luopumaan onnellisesta olotilastaan toisessa maailmassa. Van Lommel arveli, että ilmiö selittyy lääketieteellisellä tiedolla. Hän kiinnostui aiheesta ja aloitti kollegojensa kanssa vuonna 1988 laajan tutkimuksen Hollannissa. Mukaan tuli kymmenen sairaalaa, joissa elvytettyjä potilaita haastateltiin heti, kun se oli mahdollista. Potilaiden lääketieteellinen ja muu taustatieto oli näin luotettavasti käytössä toisin kuin aikaisemmissa tutkimuksissa, joissa tietoja oli pyritty etsimään vuosiakin kokemuksen jälkeen. Tutkimusasetelman vahvuutena oli se, että NDE-ryhmälle syntyi hyvä kontrolliryhmä eli potilaat, jotka eivät olleet kokeneet kuolemanrajakokemusta. Kaikkia elossa olevia ja suostumuksensa antaneita potilaita haastateltiin kaksi vuotta kokemuksen jälkeen ja vielä kolmannen kerran kahdeksan vuoden kuluttua; kyseessä oli siten ns. pitkittäistutkimus. Tutkimus julkaistiin vuonna 2001 erittäin arvostetussa lääketieteen lehdessä *The Lancet* (van Lommel ym., 2001)

Elvytetyistä 18 % (62 potilasta 344:stä elvytetystä) ilmoitti kokeneensa NDE-kokemuksen ja 7 %:lla oli ollut syvä tai erittäin syvä NDE-kokemus eli heillä oli ollut useita piirteitä edellä kuvatuista kokemuksista. Tutkimus mahdollisti NDE-kokemuksiin mahdollisesti vaikuttavien tekijöiden tutkimisen. Osoittautui, että lääketieteelliset seikat (esimerkiksi lääkitys ja hapenpuute), kuolemanpelko, NDE-kokemuksista kuuleminen aikaisemmin, uskonto tai koulutustausta eivät olleet yhteydessä NDE-kokemuksen kanssa. Kokemuksen esiintymiseen vaikutti positiivisesti mm. alle 60 vuoden ikä ja aikaisempi NDE-kokemus. Muistihäiriöiden esiintyminen taas vähensi NDE-kokemuksen todennäköisyyttä.

Pitkittäistutkimus toi esiin merkittäviä eroja NDE-ryhmän ja kontrolliryhmän välillä. Kummassakin ryhmässä oli tapahtunut muutoksia elämänasenteissa ja arvoissa, mutta NDE-ryhmän jäsenet olivat kokeneet perusteellisemman elämänarvojen muutoksen. He olivat rakastavampia, empaattisempia ja hyväksyvämpiä. Heidän kiinnostuksensa henkisyyteen oli kasvanut, kun taas kontrolliryhmällä se oli vähentynyt. Monissa aikaisemmissa tutkimuksissa oli todettu, että NDE-kokemus vähensi sitoutumista perinteiseen kristillisyyteen. Tämä näkyi myös van Lommelin tutkimuksessa vähentyneenä kirkossa käyntinä (kontrolliryhmässä kirkossa käynti kohosi hieman).

NDE-ryhmän jäsenten arvostus rahaa, omaisuutta ja yhteiskunnallista asemaa kohtaan oli vähentynyt. Kummassakin ryhmässä kuolemanpelko oli vähentynyt, mutta NDE-ryhmällä vielä merkittävämmin. Usko kuolemanjälkeiseen elämään oli vahvistunut voimakkaammin NDE-ryhmässä. Monet NDE-kokemuksen läpikäyneet kertoivat tulleensa sensitiivisemmiksi toisten ihmisten tunnetiloja kohtaan; heillä oli ollut myös kokemuksia selvänäköisyydestä ja ennalta tietämisestä (näiden kykyjen paikkansapitävyyttä van Lommelin ryhmä ei kuitenkaan tutkinut).

Van Lommelin ryhmän tutkimuksissa samoin kuin monissa muissakin tutkimuksissa tulee esille NDE-kokemuksen elämää radikaalisti muuttava vaikutus. Kuolemanrajalla käyneille ihmisille elämässä tärkeää on rakkaus itseä, toisia ihmisiä ja luontoa kohtaan. Seuraavassa kertomuksessa tämä eettinen muutos tulee erityisen selvästi esille:

En pelkää kuolemaa, koska en koskaan unohda mitä minulle tapahtui. Olen varma, että elämä jatkuu. Olen kokenut vuosien aikana useita muutoksia. Tunnen suurta yhteenkuuluvaisuutta luontoa kohtaan... Minussa on kehittynyt syvällinen oikeudentaju. Olen paljon kärsivällisempi ja rauhallisempi... Vihaisuuteni on taakse jäänyttä elämää. Tunnen voimakkaan sisäisen kehotuksen olla koskaan valehtelematta. Olen mieluummin hiljaa kuin kerron valkoisen valheen. Ponnistelen pitääkseni kiinni sovituista aikatauluista: asiat täytyy tehdä tietyssä ajassa... Nautin elämästä suunnattomasti... Uskon, että ihmiset ovat lakanneet elämästä sydämestään käsin...

Van Lommel toteaa, että yleensä ihmiset tulevat kokemuksensa myötä anteeksiantavammiksi, suvaitsevaisemmiksi ja myötätuntoisemmiksi; lyhyesti sanottuna he pyrkivät ilmentämään elämässään rakkautta ilman ehtoja. Van Lommel tuo myös esille, että NDE-kokemuksissa tulee esille kosminen laki, jonka mukaan kaikki mitä teemme toisille, teemme lopulta itsellemme; kaikki ovat yhteydessä toisiinsa.

Positiivisella NDE-kokemuksella ei ole aina pelkästään suotuisia vaikutuksia. Jotkut NDE-kokijat vakuuttuvat olevansa erityisiä Jumalan valittuja ja erityisen armoitettuja ihmisiä, joiden tehtävänä on levittää NDE-kokemustaan ikään kuin kyseessä olisi uusi uskonto. Toisilla taas kokemusten integroiminen osaksi uutta elämänymmärrystä vaikeutuu, jos läheiset ohittavat NDE-kokijan kokonaan tai jopa tekevät hänestä pilkkaa. Joskus sukulaisilla ja ystävillä saattaa olla liian suuret odotukset: jotkut ajattelevat, että NDE-kokijasta on tullut kaiken anteeksiantava pyhimys, jolla on parantavia voimia ja profetoimisen kyky.

Tutkimustensa johdosta van Lommel vakuuttui, että NDE on todellinen ilmiö, joka viittaa voimakkaasti siihen, että ihmisen olemassaolo jatkuu kuolemanrajan yli. NDE-kokemusten tutkiminen paljasti van Lommelille uusia näkökulmia elämään: esimerkiksi hän kertoi eräässä haastattelussa hämmästyneensä, kuinka jokainen ajatus on merkittävä ja tärkeä. Hän luopui lääkärin työstään, kirjoitti omista ja muiden tutkimuksista kirjan ja toimii alan luennoitsijana.

Todennettuja havaintoja NDE-tapauksissa

Edellä todettiin, että NDE:n aikana ihmiset kertovat pystyvänsä tekemään ympäristöstään havaintoja. Jotkut tapaukset on kohtalaisen hyvin dokumentoitu, joten niillä on merkitystä NDE:n tieteellisessä arvioinnissa. Tieteellisessä kirjallisuudessa tunnetaan 40 tapausta (tilanne vuonna 2007), joissa on vahvistettua näyttöä kehon ulkopuolisesta tarkasta havainnoinnista. Esittelen tässä kolme tapausta.

Ensimmäisessä tapauksessa hollantilainen potilas tuotiin syvässä koomassa sairaalaan (tapaus esitettiin van Lommelin ryhmän *The Lancet* -lehden julkaisussa). Hoitaja oli ottanut hengityksen varmistamiseksi tehdyn intuboinnin vuoksi tekohampaat pois ja laittanut ne talteen laatikkoon. Myöhemmin hoitaja tapasi miehen sydänosastolla, ja mies kertoi heti, että kyseinen hoitaja tietää, missä hänen tekohampaansa ovat. Mies sanoi nähneensä elvytyksen itsensä ulkopuolelta. Hoitajalta oli saatu tapauksesta myös kirjallinen lausunto.

Toisessa tapauksessa 35-vuotiaalla amerikkalaisella Pam Reynoldsilla todettiin aivokasvain, jonka leikkaaminen oli erittäin vaikeaa. Reynolds suostui uskaliaaseen operaatioon, jossa hänen kehonlämpötilansa laskettiin alhaiseksi, sydän pysäytettiin, hengitys lakkautettiin ja aivoista laskettiin veri pois. Toisin sanoen Reynoldsin piti kliinisesti kuolla leikkausta varten. Hänen elintoimintojaan seurattiin huolellisesti leikkauksen ajan. Leikkaus alkoi kallon avaamisella; Reynolds oli tällöin nukutuksessa, mutta ei ollut vielä kuitenkaan kliinisesti kuollut. Sitten Reynolds kuuli kallosahan epämiellyttävän äänen. Kuulemisen ei olisi pitänyt olla mahdollista näissä olosuhteissa varsinkin, kun hänen korvissaan oli tulpat, jotka lähettivät säännöllisen signaalin korviin. Seuraavaksi hän irtautui ruumiistaan pään yläosan kautta ja näki kehonsa ja ympäristönsä yläpuolelta. Havainnot tuntuivat kirkkaammilta ja selvemmiltä kuin tavallinen aistiminen. Hän kuuli hoitajan sanovan, että suoni on liian pieni, minkä vuoksi hoitaja asensi laitetta veren hapettamiseksi. Reynolds ihmetteli, mitä he tekivät hänen alaraajoissaan, koska kyseessähän piti olla aivojen leikkaus. Hän näki, että vain osa hiuksista oli ajeltu leikkausta varten ja hän kuvaili sahan, joka oli enemmän sähköhammasharjan kuin sahan näköinen (Reynolds oli ajatellut etukäteen, että kallo *sahattaisiin* auki). Leikkaava lääkäri piti mahdottomana, että Reynolds olisi nähnyt kallosahan ennen leikkausta, koska saha otetaan esille vasta, kun potilas on nukutettu ja ainoastaan leikattava alue on näkyvillä. Reynoldsin antama kuvaus kallosahan yksityiskohdista ei ollut täysin oikea, vaikka saha olikin poran kaltainen. Muilta osin hänen antamansa tiedot leikkauksen kulusta pitivät paikkansa.

Kolmannessa tapauksessa keskeisessä roolissa on kenkä. Kaupungin ulkopuolella työskennellyt siirtolainen Maria vietiin Seattlen sairaalaan sydänkohtauksen jälkeen. Kolme päivää myöhemmin hän sai toisen sydänkohtauksen, mistä hän selvisi elvytyksen ansiosta. Tämän jälkeen Maria kertoi hoitajalle kokeneensa ruumiista irtautumisen elvytyksen aikana; hän oli pannut merkille elintoimintojaan seuraavan laitteen ja sen tulostukset. Seuraavaksi Maria siirtyi sairaalan ulkopuolelle. Hän kykeni kuvailemaan sairaalan ulkopuolisen alueen oikein myös sellaisilta osin, jotka eivät olleet näkyvissä hänen huoneestaan. Marian huomio kiinnittyi kolmannen kerroksen ikkunalaudalle, jonka luokse hän siirtyi tahdonvoimaansa käyttäen. Ikkunalaudalla oli miesten mallia oleva vasemman jalan tenniskenkä. Kenkä oli tumman sininen ja se oli pikkuvarpaan kohdasta kulunut. Maria pyysi hoitajaa tarkistamaan oliko kenkä todellinen vai pelkkää kuvittelua. Hoitaja löysi kengän kuvatusta paikasta. Kengän piirteet vastasivat Marian kuvausta.

Kuolemanrajakokemusten kritiikkiä

Tieteellinen kritiikki

Edellä esitetyn perusteella voisi ajatella, että nythän tiede on todistanut sen minkä uskonnot ja teosofia ovat tienneet kaiken aikaa: kuolemanjälkeistä elämää on olemassa. Todistusaineistosta huolimatta kaikki eivät ole vakuuttuneita. Jotkut skeptikot ovat sitä mieltä, että ihmisten kokemukset ovat täysin yhteensopivia nykyisen neurotieteen kanssa. NDE-kokemukset kuitataan hallusinaatioina, jotka aiheutuvat esimerkiksi hapen puutteesta tai aivojen poikkeuksellisesta toiminnasta kriisitilanteessa. Näin siitä huolimatta, että hallusinaatiohypoteesille ei ole NDE-tutkimuksissa empiiristä näyttöä, kuten edellä esitelty van Lommelin ryhmän tutkimuskin paljasti. Vaikuttavat tapaukset, joissa ihmiset kertovat havainnoistaan, voidaan skeptikkojen mielestä selittää muistojen, mielikuvituksen, odotusten ja onnekkaiden arvausten yhdistelmällä. Esimerkiksi elvytyksen kuvaaminen oikein voisi sopia hyvin tähän selitysmalliin, koska hyvin moni on katsellut

vaikkapa *Teho-osastoa* televisiosta. On mielenkiintoista, että tätä oletta-
musta on voitu testata empiirisesti: eräs tutkija haastatteli elvytettyjä, joilla
oli NDE-kokemus ja sellaisia, joilla ei kokemusta ollut. Osoittautui, että
NDE-kokijat kykenivät kuvaamaan omaa elvytystään erittäinkin tarkasti,
kun taas kontrolliryhmän jäsenet tekivät ainakin yhden vakavan virheen
elvytyksensä kuvauksessa.

Katsotaan sitten edellä esitettyjä vakuuttavan tuntuisia, hyvin dokumen-
toituja tapauksia. Hämmästyttävässä kengän tapauksessa Maria on voinut
sairaalan huoneessa ollessaan kuulla ohikulkijoiden puhuvan merkillises-
tä kengästä ja sitten unohtanut kuulemansa. Mieli on elvytyksen jälkeen
rakentanut tarinan spontaanisti ja käyttänyt kuulemiaan asioita tarinan
rakennusaineina. On myös mahdollista, että hän oli sairaalaan tullessaan
nähnyt sairaalan ympäristöstä asioita, joita hän sitten selitti ruumiin ulko-
puolisina havaintoina. Vastaavasti Reynolds on voinut kuulla anestesiasta
huolimatta ympäriltään ääniä (näin on tosiaan joskus raportoitu tapahtu-
van); hänen mielensä on voinut käyttää hyväksi osittaista kuulo- ja tunto-
aistia ja sitten rakentaa kuvatut kokemukset ilman mitään huijaustakin.
Tekohampaiden löytymisestä taas oli haettu varmistus hoitajalta, mutta ei
koomassa olleelta mieheltä, joten tämäkin tapaus on epäilyksenalainen.

Ehkä keskeisin tieteellinen erimielisyys koskee aikaa, jolloin kuoleman-
rajakokemus tapahtuu. Jos se todella tapahtuu kliinisen kuoleman aikana
(tällöin mm. EEG eli aivosähkökäyrä näyttää pelkkää "viivaa"), niin tämä
viittaisi voimakkaasti siihen, että tietoisuus voi toimia aivoista riippumatta.
Tähän suuntaan onkin jonkin verran näyttöä, mutta kuten edellisistä esi-
merkeistä kävi ilmi, näyttö ei ole kiistatonta. Tähän voin lisätä, että vaikka
kiistaton näyttö saataisiinkin, se ei silti pakottaisi luopumaan nykyisestä
aivotutkimuksen viitekehyksestä. On nimittäin esitetty, että vaikka mitat-
tavaa aivosähkötoimintaa ei aivokuorella olisikaan, voi sähköistä toimintaa
olla olemassa aivojen syvemmissä osissa, mikä sitten mahdollistaisi jonkin-
laisen tietoisuuden säilymisen aivoissa. Ongelmana tässä argumentissa on
se, että mitään kuolemanrajatutkimuksen ulkopuolista näyttöä kliinisen
kuoleman aikana tapahtuvasta tietoisuuden jatkumisesta aivojen syvem-
missä osissa ei ole.

Lukija voikin näistä esimerkeistä päätellä, että tuskin mikään todistus-
aineisto voi olla niin vankkaa, että tiukka materialismin tai filosofisen

naturalismin kannattaja muuttaisi sen perusteella mielipidettään tietoisuuden luonteesta. Aina löytyy jokin *mahdollinen* selitys, jonka avulla voidaan välttää vastenmieliseksi koettu maailmankuvan muuttaminen. Toisaalta on hyvä, että asioihin suhtaudutaan kriittisesti. Se kuuluu tieteelliseen totuuden etsintään, mutta dogmaattinen sitoutuminen materialismiin ei ole tieteellistä.

Konservatiivisen kristinuskon kritiikki

Konservatiivinen (eli fundamentalistinen) kristinusko tarjoaa kuolemanrajatutkimukseen toisenlaisen kriittisen näkökulman. Kristitty lääkäri Maurice Rawlings esitti kirjassaan *Kuoleman tuolla puolen*, että raportoitua paljon suurempi osa NDE-kokemuksista itse asiassa on helvetillisiä. Ihmiset vain unohtavat epämiellyttävät kokemuksensa nopeasti. Hän esitti, että haastattelu täytyy tehdä heti potilaan herättyä, jotta valikoivaa unohtamista ei pääse tapahtumaan. Myös lääkäri Michael Sabom tunnustautuu konservatiivisen kristinuskon edustajaksi, mutta hän on samalla rehellinen NDE-tutkija. Sabom totesi, että edes Rawlingsin kirjassaan esittelemä aineisto ei tue johtopäätöstä kuten ei muukaan alan tutkimus: lähes kaikki NDE-kokemukset ovat hyviä. Sabom oli kysynyt asiaa Rawlingsilta, joka oli sanonut, että hänelle oli tärkeämpää tuoda esille pelastussanomaa kuin tehdä tiedettä.

Sabom tuo kirjassaan *Light and Death* esille oman tutkimuksensa empiiriset tulokset ja tulkintansa kristilliset oletukset. Hän päätyy siihen, että NDE-kokemuksissa on Raamatun valossa kysymys Jumalan yleisestä ilmoituksesta, mutta kenties myös demonien harhautuksesta; näin siksi, että aika usein kokemus johtaa pois Jeesuksen pelastusteosta itämaisiin harhaoppeihin kuten jälleensyntymiseen [kenties jopa teosofiaan]. Sabom antaa kyllä tunnustusta NDE-kokemuksen elämää muuttavalle vaikutukselle todeten, että sen "hedelmät ovat hyviä". Sabomin omassa tutkimuksessa konservatiivisen kristinuskon edustajien uskon sisältö ei NDE-kokemuksen johdosta juurikaan muuttunut. Hän huomautti, että muissa tutkimuksissa ongelmana on ollut se, että ihmisten kristillisyyden astetta ei oltu mitenkään mitattu. Sabom kehittikin kyselylomakkeen, jonka mukaan hän luokitteli NDE-kokijoiden kristillisyyden asteen: "hyvät" pisteet saa, jos vastaa, että Jeesuksen sijaissovituksen hyväksyminen johtaa kuoleman jälkeen taivaaseen ja sen hylkääminen kadotukseen.

Sabomia ja Rawlingsiakin huomattavasti tiukempaa kantaa edustavat amerikkalaiset teologit John Ankerberg ja John Weldon. Heidän mukaansa NDE-kokemus ei sovi lainkaan yhteen Raamatun ilmoitukseen; heidän mukaansa se sopii loistavasti yhteen itämaisten ja new age -oppien kanssa. Kyseessä on siten pelkästään demonien harhautus; demonit näyttävät ihmisille sen mitä he tahtovat [ihmeellistä kyllä, heidän maailmankuvassaan Jumalalla ei ole mitään valtaa NDE-kokijoiden kohtaamassa näkymättömässä maailmassa]. Heidän mukaansa tosi kristittyjen NDE-kokemus on erilainen, mutta he eivät tarkenna millä tavalla se on erilainen. Harhauttavalle NDE-kokemukselle altistuu, jos on harjoittanut salaoppeja. Tähän voi kyseisten teologien mielestä vaikuttaa se, että joku suvun jäsen on vaikkapa kolme sukupolvea aikaisemmin ollut tekemisissä okkultismin kanssa.

Tuon esille näinkin jyrkkiä näkökulmia, vaikka se saattaa monesta lukijasta olla tarpeetonta. Kenties on hyödyllistä tietää, että tällaisiakin perusteluja NDE-kokemusten tulkinnoista on esitetty. Johtopäätökseni on tästäkin kritiikistä sama kuin skeptikkojen tapauksessa: mikään NDE-ilmiöön liittyvä todistusaineisto ei voi muuttaa voimakkaaseen uskonnolliseen näkemykseen sitoutuneen ihmisen käsityksiä, koska aivan kaikki voidaan selittää edellä esitetyllä tavalla. Tosin voisin samalla kysyä, luopuisinko itsekään omaksumastani ruusuristiläisestä maailmankatsomuksesta, jos tieteellinen todistusaineisto asettaisi sen keskeisiltä osin kyseenalaiseksi.

Katsotaan seuraavaksi, miten teosofia selittää kuolemanrajakokemuksien havaintoja.

Teosofian näkökulma

Johdannoksi totean, että teosofiassa väitetään sen antamien tietojen perustuvan hengentutkijoiden yliaistillisiin *empiirisiin* havaintoihin kuolemanjälkeisistä asioista. Tässä näkökulmassa ihmisen tietoisuuden laajentuneet kyvyt toimivat tiedonhankkimisen välineinä; ihminen itse toimii "mittausinstrumenttina". Kuolemanrajatutkimus tarjoaakin mielenkiintoisen mahdollisuuden vertailuun teosofisten selitysten ja tieteen tutkimustulosten kanssa.

Teosofiassa ja antroposofiassa on tarkkoja kuvauksia kuolemanjälkeisen elämän vaiheista. Esitän tässä Pekka Ervastin opetusten pohjalta lyhyen kuvauksen kuolemanjälkeisestä elämästä. Kuolemanprosessi alkaa ruumiista irtautumisella, jossa tietoisuus kohoaa korkeamman minän eli ihmisen kuolemattoman ydinolemuksen yhteyteen. Sen jälkeen tapahtuu elämänkertaus, jossa ihminen katselee elämäänsä objektiivisesti korkeamman minänsä valossa, ja hän osaa arvostella, mitkä teot ja ajatukset olivat hyviä eli rakkauden mukaisia ja mitkä eivät olleet. Ihminen on tällöin voimaruumiissaan eli eetteriruumiissa. Elämänkertauksen jälkeen hän lähtee eetteriruumiistaan ja nukahtaa. Hän on tässä nukkuvassa tilassa korkeintaan kolme vuorokautta, minkä jälkeen tapahtuu herääminen astraalisessa tilassa, joka on vielä yhteydessä maanpiirin kanssa. Tässä tilassa ollessaan ihminen voi seurata omat hautajaisensa. Tämä vaihe ei kestä pitkään; se päättyy siirtymiseen kuolemanjälkeiseen maailmaan, jossa varsinainen astraalinen elämä alkaa. Siellä ihminen tapaa edesmenneitä läheisiään ja ystäviään. Ervast myös mainitsee, että edesmenneet läheiset voivat olla vastaanottamassa ihmistä jo kuolemanprosessin alkuvaiheessa. Oleellinen piirre astraalielämässä on se, että ihmisellä ei ole enää välitöntä yhteyttä korkeampaan minäänsä, ellei hän ole sitä elämän aikana onnistunut saamaan aikaiseksi. Astraalisen elämän luonne riippuu ihmisen moraalisesta luonteesta; se voi olla aluksi vaikeakin.

Elämä astraalimaailmassa päättyy lopulliseen puhdistusprosessiin, minkä jälkeen ihminen jälleen menettää tajuntansa, jota seuraa syntymä taivasmaailmassa. Tätä kutsutaan myös toiseksi kuolemaksi, jossa ihmisestä on seulottu pois kaikki paha. Taivasmaailman loppuvaiheessa ihminen yhtyy jälleen korkeampaan minäänsä ja näkee elämän suuren ja ihmeellisen ihanteen, josta kaikki suuret henkiset opettajat ovat puhuneet (erityisen selvästi tämä ihanne on nähtävissä Jeesuksen Vuorisaarnassa). Ihminen lupaa pyhässä hurmiossa yrittää uudelleen toteuttaa tätä ihannetta ja aloittaa uuden syntymisen prosessin.

Kuolemanrajakokemuksessa tapahtuva ruumiista irtautuminen, elämänkertaus ja läheisten kohtaaminen ovat täysin yhteensopivia Ervastin ja muiden teosofisten kuvausten kanssa*. On kuitenkin yllättävää, että vain

---

* Toki teosofiset kuvaukset menevät paljon pidemmälle kuin NDE-tutkimuksen empiria. Oleellista on tässä se, että kuvaukset ovat sopusoinnussa hyvin dokumentoidun empirian kanssa. Tämä ei tietenkään takaa, että myös muu kuvaus olisi totta; voitaneen silti sanoa, että olemassa oleva empiria lisää teosofisten yms. kuvausten uskottavuutta.

varsin pieni osa NDE-kokijoista raportoi elämänkertauksesta. Miten tämä olisi selitettävissä? Ehkä kuolemanrajakokemus sisältää tiettyjä välähdyksiä kuolemanjälkeisestä elämästä, eivätkä kaikki koe kuolemanprosessia kokonaisuudessaan. Tässä on huomattava, että vaikka tutkimusten NDE-kokijat olivat kliinisesti kuolleita, heidät pystyttiin vielä elvyttämään (tietysti ilman elvytystä he olisivat kuolleet "lopullisesti"). Teosofisessa tulkinnassa tämä tarkoittaa sitä, että fyysisen ja sielullis-henkisen ihmisen yhteys – "hopealanka" – ei ollut vielä katkennut.

Miksi sitten vain vajaa viidennes elvytetyistä muistaa kokeneensa jotakin? Onko niin, että suurin osa ihmisistä ei koe mitään kliinisen kuolemansa aikana? Teosofinen tieto tarjoaa tähän kysymykseen yhden näkökulman. Unta kutsutaan teosofiassa joskus kuoleman pikkuveljeksi, koska unessakin sielullis-henkinen ihminen siirtyy näkyvän ruumiin ulkopuolelle ja kokee näkymättömässä maailmassa kaikenlaista. Muisto tästä ei kuitenkaan siirry fyysis-eetteriseen aivotajuntaan; muistamisen edellytyksenä on Ervastin mukaan ajatus- ja tunne-elämän puhdistaminen. Tästä näkökulmasta katsottuna kaikki kliinisesti kuolleet kyllä kokevat jotakin tajuttomuustilansa aikana, mutta kaikki eivät pysty muistamaan kokemuksiaan. Tällä en silti tarkoita sitä, että NDE-kokemuksen saaneet olisivat eettisesti kehittyneempiä kuin muut ihmiset. NDE-kokemuksen muistamiseen lienee omat sisäiset syynsä, ja en olisi lainkaan yllättynyt, vaikka sille löytyisi selitys tieteenkin näkökulmasta.

Elämänkertauksessa keskeistä on sen moraalinen luonne: ihminen tietää selvästi, mikä on elämän tarkoitus ja miten hänen olisi pitänyt elämänsä elää. Elämän lakien kokeminen tapahtuu NDE-kokemuksissa myös tunnelin jälkeisen valon kohtaamisessa, jolla on elämää syvästi muuttava vaikutus kuten edellä tuli esille. Valon voisi tulkita siten, että ihmisen persoonallisuus on siinä osallinen korkeamman minänsä tajunnasta. Ihminen voi valossa kohdata olennon, joka edustaa hänelle korkeampaa ihannetta tai hän voi kokea valon opetukset ilman opettajan hahmoakin. Sekä kuolemanrajakokemukset että Aikain viisaus viittaavat kaiken takana olevaan suureen rakkaustajuntaan, kaiken ykseyteen.

On mielenkiintoista todeta, että NDE-kokemukset antavat tukea Ervastin opetukselle, jonka mukaan Vuorisaarnan ihanteet eivät ole Jeesuksen keksimiä ulkoisia moraalisääntöjä, vaan kuvastavat Suuren Elämän syvimpiä lainalaisuuksia. Edellä esitetyissä esimerkeissä tuli esille oikeastaan kaikki Vuorisaarnan keskeiset opetukset.

Yhteenveto

Olen koettanut tässä esityksessä osoittaa, että tiede on kuolemanrajatutkimuksessa kohdannut Aikain viisauden; kuolemanrajalla käyneiden kokemukset ovat hämmästyttävän yhtäpitäviä teosofisten, antroposofisten ja ruusuristiläisten opetusten kanssa, jotka siis ovat huomattavasti vanhempia kuin tieteellinen kuolemanrajatutkimus. Tieteen taustaoletuksena on ns. metodologinen naturalismi, jonka mukaan tieteen tutkimia asioita voidaan selvittää vain luonnollisiin syihin vetoamalla eli jumalat, enkelit, henki tai mikään muukaan metafyysinen seikka ei käy selitysperusteeksi. Oletus on mielestäni hyvin järkevä tieteellisessä tutkimustyössä; tämä on osoittautunut erittäin hedelmälliseksi lähtökohdaksi. Näyttää kuitenkin siltä, että kuolemanrajatutkimus haastaa tämän oletuksen. Ehkä tieteenkin näkökulmasta kuolemanrajatutkimuksen empiiriset havainnot voidaan parhaiten selittää siten, että tietoisuus voi olla aivoista riippumaton. Aivotutkimuksen arkipäivään tällä tuskin olisi juurikaan vaikutusta, mutta tietoisuuden tutkimuksen ja tieteellisen maailmankuvan paradigman muutos olisi erittäin suuri. Teosofian eli Aikain viisauden kannalta asia on selvä: ihmisessä on ikuinen henkinen puoli, joka on todellisempi kuin aivotajunnassa ilmenevä persoonallisuutemme.

Tietenkin on selvää, että kuolemanrajatutkimuksen näyttö ei kaikkia vakuuta: skeptikot ja konservatiiviseen kristinuskoon sitoutuneet ihmiset eivät muuta näkemyksiään, koska aina on mahdollista tehdä lisäoletuksia, jotka pelastavat omat lähtökohdat. On kuitenkin hyvä huomata, että kaikki vakavat kristityt eivät hylkää kuolemanrajatutkimuksen tuloksia: esimerkiksi laajalti arvostettu arkkipiispa Paavali piti niitä yhteensopivina kirkkoisien opetusten kanssa.

Uskon, että useimpiin ihmisiin kuolemanrajatutkimuksen tuloksilla voi olla merkittävä vaikutus. Kuolemanrajakokemukset nimittäin paljastavat elämästä sen, minkä ihmiset ainakin sisässään tietävät oikeaksi: elämä on ehdottoman oikeudenmukaista ja kaiken takana on ihmeellinen hyvyys ja rakkaus.

Lähteitä

Blackmore, Susan (1993). *Dying to Live: Science and the Near-death Experience.* Grafton.

Burckhardt, Martin (1998). *Kuolemanjälkeiset kokemukset: ihmisen kuoleman-jälkeinen matka yliaistillisessa maailmassa. Rudolf Steinerin kuvausten pohjalta laadittu yhteenveto.* Suomen antroposofinen liitto.

Carter, Chris (2010). *Science and the Near-Death Experience: How Consciousness Survives Death.* Inner Traditions.

Ervast, Pekka (1977). *Itsemurha ei ole oikea ratkaisu.* Ruusu-Ristin Kirjallisuus-seura ry.

Ervast, Pekka (1978*). Kuka auttaa meitä kuolemassa?* Ruusu-Ristin Kirjallisuus-seura ry.

Ervast, Pekka (1990). *Uni ja kuolema.* Ruusu-Ristin Kirjallisuusseura ry.

Ervast, Pekka (2003). *Elämää kuoleman jälkeen* (toinen painos). Ruusu-Ristin Kirjallisuusseura ry.

Long, Jeffrey & Perry, Paul (2010) *Evidence of the Afterlife: The Science of Near-Death Experiences.* HarperOne.

Sabom, Michael: Light & Death (1998). *One doctor's fascinating account of near-death experiences.* Zondervan Publishing House.

Savinainen, Antti (2011). Selviytyykö tietoisuus kuolemassa? *Tieteessä tapahtuu,* vol. 29, nro 7. Artikkeli saatavissa internetistä osoitteesta ojs.tsv.fi/index.php/tt/article/download/4539/4287

van Lommel, Pim (2010). *Consciousness Beyond Life: The Science of the Near-Death Experience.* HarperOne.

van Lommel P., van Wees R., Meyers V. & Elfferich I. (2001). Near-Death Experience in Survivors of Cardiac Arrest: A prospective Study in the Netherlands. *Lancet,* 358(9298), 2039–45.

Lasten jälleensyntymismuistojen tieteellinen tutkimus

Johdanto

Jälleensyntyminen on ehkä keskeisin kaikista teosofian, antroposofian ja ruusuristiläisyyden opetuksista. Jälleensyntymisoppia on perusteltu mm. mahdollisuutena kehittyä ihmisenä elämästä toiseen. Käsityksemme jälleensyntymisestä on muovautunut idän uskontojen ja henkisten opettajien lausuntojen perusteella; näiden taustalla ajatellaan olevan henkinen tutkimus eli kokemusperäinen henkinen tieto. (Perusteellisin kirjoittajan tuntema kuvaus henkisen tutkimuksen edellyttämästä koulutustiestä löytyy Rudolf Steinerin teoksesta *Henkisen tiedon tie.*) On ymmärrettävää, että henkisten liikkeiden ulkopuolisesta henkilöstä perustelut eivät ole vakuuttavia; ne voivat hyvinkin vaikuttaa auktoriteettiuskolta.

Jälleensyntymiselle on kuitenkin löydettävissä idän uskonnoista ja henkisistä liikkeistä riippumatonta empiiristä näyttöä. Yksi mahdollinen empirian lähde on hypnoosi. Onkin esitetty, että jälleensyntymismuistoja voidaan aktivoida hypnoosin avulla. Hypnoosilla saavutetut tulokset vaikuttavat kuitenkin hyvin epäluotettavilta sekä tieteen että henkisen tutkimuksen kannalta, joten en puutu niihin sen enempää. Tässä esityksessä keskityn lasten jälleensyntymismuistojen tieteelliseen tutkimukseen, sen tuloksiin ja kritiikkiin. Arvioin tuloksia lopuksi henkisen tutkimuksen avaamasta näkökulmasta.

Ian Stevensonin uraauurtava työ

Ian Stevenson (1918–2007) oli lasten jälleensyntymismuistojen systemaattisen tutkimuksen pioneeri. Hänen tieteellinen uransa alkoi lääketieteen ja psykiatrian alalla, jonka professorina hän toimi Virginian yliopistossa (Stevenson, 2006). Stevensonin äiti oli teosofi, ja Stevenson tutustui äitinsä laajan kirjallisuuden avulla jo hyvin nuorena teosofiaan ja itämaisiin uskontoihin. Saatuaan tieteellisen koulutuksen Stevenson kiinnostui para-normaaleista ilmiöistä. Hän alkoi pohtia, olisiko näistä saatavissa tieteel-lisesti kestävää näyttöä. Tämä kiinnostus johti hänet 1950-luvun lopulla lasten spontaanien jälleensyntymismuistojen tutkimukseen.

Työ pääsi kunnolla vauhtiin Stevensonin saatua lahjoitusprofessuurin vuonna 1964 Virginian yliopistosta. Hän perusti Chester Carlsonin lahjoi-tuksen turvin *Persoonallisuuden tutkimuksen yksikön*, jonka tehtävänä oli tehdä "empiiristä tutkimusta ilmiöistä, joista nykyisen tieteen ymmärrys saattaa olla vaillinaista". Lahjoitus ja myöhemmin Carlsonin testamentti mahdollistivat tiedonkeruumatkat Intiaan, Sri Lankaan, Turkkiin ja mo-neen muuhunkin maahan.

Stevenson julkaisi tutkimuksiaan vertaisarvioiduissa tiedelehdissä ja kir-joitti menetelmistään ja tuloksistaan useita kirjoja. Siitä huolimatta jotkut kriitikot pitivät hänen menetelmiään epätieteellisinä (palaan kritiikkiin myöhemmin esityksessäni). Useimmat tiedeyhteisön jäsenet jättivät hänet vain huomiotta. Hän sai myös joitakin tukijoita tiedeyhteisön sisältä. Vaik-ka tukijat eivät välttämättä pitäneet jälleensyntymistä uskottavana selityk-senä, he pitivät Stevensonia tarkkana ja rehellisenä tutkijana (Stevensonin rehellisyyttä eivät kriitikotkaan asettaneet kyseenalaiseksi). Eräs psykiatri kirjoitti, että "joko [Stevenson] tekee valtaisan virheen tai sitten hänet tul-laan tuntemaan… 20. vuosisadan Galileona".

Stevensonin perustama tutkimuslaitos on osoittautunut hyvin aktiivisek-si: tieteellistä tutkimusta on tehty lasten jälleensyntymismuistojen lisäksi myös kuolemanrajakokemuksista. Stevenson jäi eläkkeelle vuonna 2002; hänen seuraajakseen tuli Jim Tucker, joten työ jatkuu. Hyvin dokumentoi-tuja jälleensyntymismuistotapauksia oli kertynyt vuoteen 2005 mennessä jo 2500. Tutkittuja tapauksia on enemmän, mutta tapauksen pitää läpäistä tietyt kriteerit tullakseen hyväksytyksi.

Tutkimusmenetelmän oleellinen osa on haastattelu. Kun tapaus tulee tut-kijoiden tietoon, he matkustavat paikan päälle ja tekevät huolellisen haas-tattelun perheenjäsenille useimmiten tulkin välityksellä. Tutkijat käyttävät yleisluontoisia, avoimia kysymyksiä. Oikeaksi todetut *ja* virheelliset lau-sunnot (niitäkin esiintyy) raportoidaan. Haastateltaville ei makseta, koska se saattaisi kannustaa huijaukseen. Usein nykyinen perhe ja entinen perhe ovat ehtineet jo tavata, mutta on tapauksia, joissa tutkijat ovat päässeet haastattelemaan kumpaakin perhettä erikseen. Tällaisilla tapauksilla on luonnollisesti enemmän painoarvoa.

Erinomainen kuvaus Stevensonin menetelmistä löytyy Shroderin (1999) kirjasta. Siinä kirjoittaja lähtee hyvin epäillen Stevensonin mukaan Libanoniin ja Intiaan ja seuraa Stevensonin tekemiä tutkimuksia ja haastatteluja. Shroder vakuuttui haastateltujen ihmisten autenttisuudesta ja vilpittömyydestä ja siitä, että Stevenson toimi tutkimuksissaan ehdottoman rehellisesti ja tunnontarkasti.

Esittelen seuraavaksi kolme jälleensyntymismuistotapausta. Kerron aikaisemman elämän muistoista ikään kuin ne olisivat todella tapahtuneet sen sijaan, että kirjoittaisin lasten "oletetuista" edellisistä elämistä. Lisää Stevensonin tutkimia tapauksia on esitetty Näreahon (1995) teoksessa, joka on mielestäni erinomainen yleisesitys jälleensyntymisopeista eri traditioissa.

Lasten jälleensyntymiskertomuksia

Shanti Devi

Intialaisen Shanti Devin tapaus (1926–87) lienee tunnetuin kaikista lasten jälleensyntymistapauksista. Hänen elämästään voi lukea myös suomen kielellä (Lönnerstrand, 1995); tässä kuvaukseni perustuu teokseen Fenwick & Fenwick (1999). Shanti oppi puhumaan verrattain myöhään, mutta hän vaikutti perheensä mielestä ikäisiään kypsemmältä. Shanti alkoi puhua aikaisemmasta elämästään ollessaan 4-vuotias. Hän väitti olleensa Lugdi-niminen nainen, joka asui Mathurassa noin 130 km:n päässä kotikaupungistaan Delhistä. Hän kertoi miehestään ja lapsestaan, kuvaili käyttämiään vaatteita ja taloa, jossa hän oli asunut. Kuvaukset olivat varsin yksityiskohtaisia.

Aluksi hänen vanhempansa eivät ottaneet kertomuksia tosissaan, mutta lopulta he päätyivät kysymään lääkäriltä neuvoja tyttärensä "kuvitelmien" vuoksi. Lääkärin mielestä hän oli vain huomiota hakeva, älykäs tyttö. Lääkäri koetti saada Shantia tunnustamaan, että kyseessä todella oli vain kuvittelu. Shanti kuitenkin järkytti lääkäriä ja vanhempiaan kuvailemalla kuolemaansa ja siihen johtaneita syitä lääketieteellisen tarkasti.

Shantin kertomukset alettiin ottaa vakavasti vasta, kun hän suostuttelun jälkeen 8-vuotiaana nimesi edellisen elämänsä aviomiehen nimen (Kedarnath). Sen niminen mies löytyikin Shantin kertomasta paikasta ja häneen otettiin yhteyttä. Kedarnath vahvisti, että hänen vaimonsa nimi oli ollut Lugdi Devi; vaimo oli menehtynyt vuonna 1925 pian pojan synnytyksen jälkeen. Kedarnath ei ollut kuitenkaan vakuuttunut, että kyseessä voisi olla hänen ensimmäinen vaimonsa. Hän lähetti serkkunsa tutkimaan asiaa. Shanti tunnisti miehensä serkun välittömästi tämän saavuttua ja kyseli tältä pojastaan. Shanti kertoi aiemmasta elämästään miehensä serkulle, joka oli hyvin vaikuttunut. Hän kertoi Kedarnathille, että tämän vaimo oli syntynyt uudelleen.

Shanti tapasi Kedarnathin ja poikansa kotonaan. Shantille oli testinä kerrottu, että Kedarnath oli hänen miehensä vanhempi veli. Shanti tunnisti miehensä heti ja suhtautui poikaansa hyvin tunteellisesti. Hän huomasi, että Kedarnathin uusi vaimo käytti hänen korujaan. Shanti torui Kedarnathia siitä, että vastoin heidän sopimustaan Kedarnath oli mennyt uudelleen naimisiin. Tämän jälkeen he kävivät kahdenkeskisen keskustelun, minkä jälkeen Kedarnath ilmoitti olevansa vakuuttunut, että kyseessä tosiaan oli hänen vaimonsa Lugdi.

Shantin tapauksesta tuli Intiassa kuuluisa. Hänen tarinansa julkaistiin lehdissä, ja itse Mahatma Gandhi tuli tapaamaan häntä. Hänen väitteitään tutkimaan perustettiin komitea, ja hänet päätettiin viedä vanhaan kotikaupunkiinsa. Shanti matkusti Mathuraan lakimiehen, paikallisen arvostetun poliitikon ja sanomalehden johtajan kanssa. Ihmisjoukko oli vastassa juna-asemalla. Shanti ohjasi tutkijat asemalta entiseen kotiinsa osoittaen matkan varrella maamerkkejä. Hän tunnisti entisen elämänsä vanhemmat ja muita sukulaisiaan. Shanti näytti kotitalostaan paikan, johon hän oli piilottanut 150 rupiaa. Rahat eivät olleet siellä, mutta Kedarnath ilmoitti löytäneensä rahat Lugdin kuoleman jälkeen. Shanti antoi yhteensä 24 oikeaa tietoa Lugdin elämästä, yksikään tieto ei ollut virheellinen. Shanti uskoi elämänsä loppuun saakka eläneensä Lugdina.

Shanti Devi kertoi vuonna 1939 tapauksen tutkijalle kuolemastaan nykyisin tyypillisen kuolemanrajakokemuksen. Fenwickit pitävät tätä erityisen merkityksellisenä, koska kuolemanrajakokemuksista julkaistiin ensimmäinen tutkimus vasta 1970-luvulla.

Shanti Devin tapaus voisi olla hyvin järjestetty huijaus tai paremminkin laajamittainen salaliitto. Tästä ei kuitenkaan löytynyt todisteita. Toinen vastaväite voisi olla siinä, että tapaus sattui Intiassa, jossa usko jälleensyntymiseen on yleistä. Ehkä tapaus oli herkkäuskoisten ihmisten itsepetosta; ehkä ihmiset antoivat huomaamattaan vihjeitä pienelle Shanti-tytölle? Tämäkään selitys ei vaikuta uskottavalta. Sitä paitsi dokumentoituja jälleensyntymismuistoja esiintyy myös kulttuureissa, joissa jälleensyntymisusko ei ole keskeisessä asemassa, kuten seuraava esimerkki osoittaa.

John McConnellin tapaus

John McConnell oli eläkkeellä oleva poliisi New Yorkissa (Tucker, 2005). Vuonna 1992 hän sattui näkemään kaksi miestä ryöstämässä kauppaa ja otti aseensa esiin (John oli palaamassa kotiinsa vartiointitehtävistä). Toinen miehistä ampui Johnin kuoliaaksi; luoti oli tuhonnut elintärkeän keuhkovaltimon. Johnilla oli läheiset välit perheensä kanssa. Hän oli sanonut tyttärelleen Doreenille: "Mitä tahansa tapahtuukaan, aion pitää huolta sinusta."

Viisi vuotta myöhemmin Doreen synnytti pojan, jolle antoi nimeksi William. Pojalla oli pyörtymiskohtauksia pian syntymän jälkeen. Williamilta diagnosoitiin sydänvaltimon synnynnäinen tukos, joka oli vaikuttanut sydämen oikean kammion muodostumiseen. Leikkaukset ja lääkitys pystyivät auttamaan Williamia. Osoittautui, että Williamin syntymäviat olivat hyvin samankaltaisia kuin vammat, jotka luoti oli aiheuttanut Williamin isoisälle Johnille.

William alkoi puhua isoisänsä elämästä heti, kun oppi puhumaan. Poika kertoi äidilleen myös isoisänsä kuolintavasta. Williamin ollessa 3-vuotias, Doreen joutui komentamaan häntä, ja uhkasi piiskalla, ellei poika rauhoittuisi. William vastasi: "Äiti, kun sinä olit pieni ja minä olin sinun isäsi, sinä käyttäydyit huonosti monta kertaa, mutta minä en koskaan lyönyt sinua!" Kerran hän kysyi, mikä oli ollut äidin kissan nimi. Doreen kysyi tarkoitatko Maniac-kissaa? William vastasi kieltävästi ja sanoi: "Ei kun sen valkoisen kissan nimi?" Doreen muisti, että valkoisen kissan nimi oli ollut Boston. William sanoi, että niin oli, mutta hän kutsui sitä Bossiksi. Vain John oli kutsunut kissaa Bossiksi. Kertomukset johtivat siihen, että Doreen vakuuttui Williamin olleen hänen isänsä.

Doreen kysyi pojaltaan, muistiko tämä mitään ajasta ennen syntymäänsä. William kertoi kuolleensa, menneensä taivaaseen ja puhuneensa Jumalan kanssa. Hän kertoi sanoneensa Jumalalle olevansa valmis menemään takaisin, ja sitten hän syntyi Williamiksi. William kertoi myös, että ihminen ei mene suoraan taivaaseen, vaan erilaisten välitilojen kautta. Hän oli nähnyt toisella puolella eläimiä; Williamin mukaan myös eläimet jälleensyntyvät.

John oli ollut aktiivinen katolisen kirkon jäsen, joka oli kuitenkin uskonut jälleensyntymiseen. Hän oli sanonut pitävänsä huolta eläimistä seuraavassa elämässään. William on sanonut aikovansa valmistua eläinlääkäriksi ja tulevansa työskentelemään eläintarhassa isojen eläimien kanssa.

McConnellin tapaus on siitä tyypillinen, että jälleensyntymismuistoja kertovalla lapsella on samoissa kohdissa syntymämerkkejä ja jopa vammoja, jotka edellisen elämän persoona oli saanut kuollessaan tapaturmaisesti tai väkivaltaisesti. Intiassa löydetyistä tapauksista kolmanneksella on syntymämerkkejä, ja näistä 18 % on voitu varmentaa lääketieteellisistä lähteistä. Luvut ovat varsin korkeita, mutta yksi syy tähän on valikoituminen: syntymämerkkitapaukset ovat tutkijoille kiinnostavimpia. Stevenson (1997) esittää kirjassaan 225 tapausta, joissa jälleensyntymismuistoihin liittyi syntymämerkki.

Toinen tyypillinen piirre Williamin tapauksessa oli se, että hän alkoi puhua entisestä elämästään heti opittuaan puhumaan. Usein lapset puhuvat entisestä elämästään 2–4 vuoden iässä. He yleensä lopettavat aiheesta puhumisen 6–7 vuoden iässä ja alkavat elää normaalia elämää. Kolmas yleinen piirre Williamin tapauksessa oli väkivaltainen kuolintapa. Tutkituista tapauksista 75 % kertoo väkivaltaisesta tai äkillisestä kuolintavasta. Monet näistä lapsista kokevat syvää pelkoa, joka liittyy edelliseen elämän persoonan kuolintapaan.

Libanonilaisen Imad Elawarin tapaus

Libanonilaisen Imad Elawarin tapauksella (Stevenson, 2002; Barros, 2003a) on erityistä merkitystä, koska juuri tästä tapauksesta on käyty enemmän kriittistä keskustelua kuin mistään muusta tapauksesta, josta tämän kirjoittajalla olisi tietoa. Lisäksi se todennäköisesti oli ensimmäinen tapaus, johon Stevenson pääsi tutustumaan *ennen* kuin lapsen muistikuvien oikeellisuutta (tai virheellisyyttä) päästiin tutkimaan.

Libanonilaisten druusien keskuudessa uskotaan jälleensyntymiseen. Tämä lienee merkittävänä syynä siihen, että Libanonista on löytynyt suhteellisen monta tapausta. Stevenson matkusti Libanoniin vuonna 1964 ilman ennakkotietoa mahdollisista tapauksista. Jo ensimmäisenä päivänä hän sattui tapaamaan Elawarin perheen, jonka poika Imad väitti muistavansa aikaisemman elämänsä. Imad oli tuolloin 6-vuotias. Stevenson keräsi perheeltä tietoja, joita Imad oli kertonut perheelleen aikaisemmasta elämästään. Hän alkoi tämän jälkeen etsiä edesmennyttä henkilöä, joka sopisi Imadin antamiin tietoihin. Imadin kertomusta oli aluksi tulkittu siten, että hänen nimensä aikaisemmassa elämässä olisi ollut Mahmoud Bouhamzy, mutta tämä oli vielä elossa. Imad oli myös puhunut auto-onnettomuudesta, joka oli johtanut kuolemantapaukseen. Näin oli käynyt Said Bouhamzylle, joka ei täsmännyt Imadin kertomukseen muilta osin. Olipa joku jo ilmoittautunut Saidin reinkarnaatioksi. Lopulta Imadin lausuntoihin näytti sopivan Ibrahim Bouhamzy, joka oli kuollut vuonna 1949 tuberkuloosiin 25 vuoden iässä (edellä mainittu Mahmoud oli Ibrahimin setä). Kuten lukija voi päätellä, tapaus oli kaikkea muuta kuin selvä.

Esitän taulukkomuodossa osan Imadin mahdolliseen edellisen elämään liittyvistä todennetuista ja virheellisiksi osoittautuneista tiedonannoista. Käytän lähteenäni Barroksen (2003a) kriittistä analyysiä. Esitän tapauksen kritiikin varsin tarkasti, koska kaksi edellä esiteltyä esimerkkiä saattaisivat antaa lukijalle liian ongelmattoman kuvan lasten jälleensyntymismuistojen tutkimuksesta.

Taulukko. Imad Elawarin tiedonantojen luokittelua (muokattu Barros, 2003a).

Todennettuja tiedonantoja	Virheellisiä tiedonantoja
Ibrahim oli kotoisin Khribyn kylästä.	Ibrahimilla oli viisi lasta. (Ibrahimilla ei ollut lapsia; hänen serkullaan oli viisi lasta.)
Ennen taloa oli mäki.	Imad kertoi kaikkien "lastensa" nimet. (Ibrahimilla oli "lasten" nimisiä serkkuja, setä ja ystäviä.)
Talon pihalla oli kaksi kaivoa, joista toinen oli täysi ja toinen tyhjä.	
Puutarhassa oli kirsikka- ja omenapuita.	

Pihalla oli kaksi autotallia.	
Ibrahim oli Bouhamzyn perheen-jäsen.	
Imad neuvoi tietä talolle (mutta ei tunnistanut taloa).	
Imad näytti suunnan, jossa Ibrahimin tyttöystävän Jamilahin kylä sijaitsi.	Jamileh oli Ibrahimin vaimo. (Jamileh oli tyttöystävä.)
Jamileh oli kaunis ja pukeutui hyvin.	
Jamileh käytti korkeita korkokenkiä, mikä on epätyypillistä druusinaisille.	
Ibrahimilla oli pieni keltainen auto.	
Ibrahimilla oli kuorma-auto.	Ibrahim ei ajanut kuorma-autoa. (Hän ajoi sitä.)
Ibrahimilla oli pienenä vuohi ja lammas.	Kuorma-auto oli täynnä kiviä, joita käytettiin puutarhan rakentamiseen.
Ibrahimilla oli veljet Fuead ja Ali (Imad ei maininnut nuorinta veljeä Samia)	Imad nimesi kolme muuta veljeä, joita Ibrahimilla ei ollut. (Ibrahimilla oli samannimisiä serkkuja ja ystäviä.)
Ibrahimilla oli kaksipiippuinen haulikko. Imad tiesi myös aseen säilytyspaikan.	
Ibrahim piti metsästyksestä ja hänellä oli ruskea koira, jota hän oli pahoinpidellyt.	Ibrahimin koira oli metsästyskoira (ei ollut).
Ibrahim oli pitänyt koiraa narussa toisin kuin monia muita alueen koiria.	
Imad tunnisti Ibrahimin sängyn ja kertoi sen sijainneen huoneessa eri tavalla.	

Barroksen analyysin mukaan oikeita lausuntoja oli 39 ja virheellisiä 17, kun taas Stevensonin tulkinnan mukaan oikeita lausuntoja oli 49 ja virheellisiä 6. Osaa väitteistä Stevenson ei pystynyt tarkistamaan; tällaisia lausuntoja nimitetään ratkaisemattomiksi (unsolved). Kuten edellä todettiin, Imadin tapaus oli Stevensonin uralla ensimmäinen, jossa perheet eivät ehtineet olla tekemisissä ennen tutkijan saapumista paikalle. Näyttää siltä, että Stevensonin menetelmät olivat vasta muovautumassa, mikä saattaa osaltaan selittää Barrosin ja Stevensonin eroja lausuntojen tulkinnoissa.

Angelia (1994) Stevensonin käyttämät tutkimusmenetelmät Imadin tapauksessa eivät vakuuta. Angelin mielestä Stevenson epäonnistui useassa metodisesti oleellisessa asiassa:

1) Imadin alkuperäiset lausunnot olisi pitänyt nauhoittaa ja raportoida tarkalleen alkuperäisessä muodossa.

2) Imadin lausunnot olisi pitänyt erottaa tarkasti omaisten lausunnoista ennen verifikaatioyrityksiä.

3) Aineiston esittäminen ei ollut riittävän objektiivista.

Lausuntojen tarkistusyritykset olisi pitänyt dokumentoida huolellisesti. Näin olisi voitu tarkistaa Stevensonin kysymysten mahdollinen johdatteleva luonne, kun hän haastatteli Imadin aikaisemman elämän sukulaisia.

Stevenson ei käsitellyt tilastollisesti tai muutenkaan sattuman mahdollisuutta.

Angelin kritiikki voidaan tiivistää seuraaviin kysymyksiin, jotka ovat tämänkin kirjoittajan mielestä asianmukaisia kysymyksiä mistä tahansa reinkarnaatiotutkimuksesta:

• Missä määrin tapaus on selitettävissä pelkän sattuman avulla? Esimerkiksi: jos poika olisikin viety toiseen kylään, olisiko silloinkin löydetty lausuntoihin sopiva tapaus? [Tämän mahdollisuuden tutkimiseksi on esitetty (Edelmann & Bernet, 2007), että käyttöön otettaisiin "kontrollitalo", johon lapsi vietäisiin siten, että tutkijakaan ei tiedä, onko talo "oikea" vai kontrollitalo (ns. kaksoissokkoutus).]

• Missä määrin tutkija välittää – ehkä tahattomastikin – tietoa haastateltaville henkilöille?

Barros toteaa, että vaikka Angel esittää asianmukaista kritiikkiä Stevensonin metodologiasta, hän vaikuttaa vähättelevän Imadin tapauksen faktoja. Barrosin arvion mukaan tapauksen selittäminen naturalismin viitekehyksessä ei ole mahdotonta, mutta erittäin vaikeata se kyllä olisi. Lukija voi itse tehdä esitetyn aineiston perusteella oman arvionsa siitä, miten uskottavaa tapauksen selittäminen on sattumalla ja haastattelijan (tahattomilla) vihjeillä ja johdattelevilla kysymyksillä.

Katsotaan seuraavaksi lasten muistoja kuoleman ja uuden elämän välisestä ajasta.

Muistoja välitilasta

Aikaisemmasta elämästään puhuvat lapset puhuvat joissakin tapauksissa välitilasta, joka edeltää jälleensyntymistä. Vain harvoilla jälleensyntymisestään kertovilla lapsilla on välitilasta muistikuvia. Välitilasta kertovilla lapsilla on todettu olevan enemmän ja tarkempia muistikuvia myös edellisestä elämästään kuin "tavallisilla" jälleensyntymistapauksilla. Vaikka välitilamuistikuvat ovat luonnollisesti vahvistamattomia, on mielenkiintoista, että näillä lapsilla edellisen elämän muistikuvat ovat usein olleet vahvistettavissa. Tutkituista tapauksista eniten välitilamuistikuvia on ollut burmalaisilla (nykyinen Myanmar) lapsilla. Burmalaisten valtauskonto on buddhalaisuus, johon on sekoittunut paikallisia animistisia uskomuksia.

Tutkijat ovat laatineet lasten välitilamuistojen perusteella kolmivaiheisen kuvauksen (Sharma & Tucker, 2004). Jokainen lapsi ei ole kokenut kaikkia vaiheita, mutta kuvaus sopii useimpiin tapauksiin. Ensimmäinen vaihe on siirtyminen, jossa edesmenneet ovat seuranneet hautajaisvalmisteluja tai hautajaisiaan. He ovat myös yrittäneet ottaa yhteyttä sureviin omaisiinsa, mutta tämä ei ole ollut mahdollista. Yksi haastateltu lapsi kertoi, ettei hän ollut huomannut olleensa kuollut. Tämä tarkkailuvaihe päättyy siihen, että valkoisiin puettu mieshenkilö ohjaa sielun paikkaan, jossa suurin osa välitilasta vietetään.

Toisessa vaiheessa sielut ovat jossakin tietyssä paikassa tai he hoitavat joitakin annettuja tehtäviä. Toisen vaiheen oleskelupaikkana voi toimia puu (!), pagoda tai sitten he ovat lähellä kuolinpaikkaansa. Jotkut lapset kertoivat nähneensä toisia näkymättömän maailman olentoja tai olleensa näiden kanssa vuorovaikutuksessa, mikä on voinut olla epämiellyttävääkin.

Kolmannessa vaiheessa tapahtuu seuraavan elämän vanhempien valinta tai hedelmöittyminen. Valinta vaikuttaa joskus sattumanvaraiselta: jotkut lapset kertoivat lähteneensä seuraamaan ohikulkenutta aikuista. Joskus myös ensimmäisen vaiheen valkoisiin puettu mies on ohjannut sielua uuteen syntymään. Vaiheet näyttävät toteutuvan myös muissa maissa; joitakin tapauksia on löytynyt Thaimaasta ja Sri Lankasta. Länsimaisissa tapauksissa lapset ovat kertoneet kohdanneensa Jumalan, joka ohjasi heidät uuteen syntymään. Tutkijat toteavat, että vaikka vaiheissa on selvästi kulttuurisidonnaisia kuvia, myös länsimaista löydetyt tapaukset näyttävät sopivan kolmivaiheisen välitilan malliin.

Skeptisten filosofien esittämää kritiikkiä

Imad Elawarin tapauksessa tuli jo esille skeptikkojen esittämää jälleen-syntymistutkimuksen metodista kritiikkiä. Esitän tässä lisää kriittisiä kannanottoja, jotta lukijalle syntyisi jonkinlainen käsitys keskustelusta, jota aihepiiristä on käyty.

Edwardsin kritiikki

Filosofi Paul Edwards (1996) esittää reinkarnaatiota käsittelevässä kirjassaan kritiikkiä, jonka terävin kärki suuntautuu jälleensyntymisen mahdollisuuden ja ylipäätään henkisen ihmiskuvan ytimeen: Edwards pyrkii kiistämään aivoista riippumattoman tajunnan periaatteellisenkin olemassaolon kritisoimalla astraaliruumiin ideaa. Hänen mielestään on kummallista, että näyissä, ruumiista irtautumisissa ja selvänäkijöiden kertomuksissa astraalisella ihmisellä on melkein aina vaatteet päällään. Edwards kysyykin, missä astraalivaatteita valmistetaan ja miten ne yhtäkkiä ilmestyvät? Toinen ongelma on muistin välittyminen "astraaliaivoista" fyysisiin aivoihin. Kenelläkään ei voi Edwardsin mukaan olla pienintäkään näyttöä tästä prosessista.

Kolmas ongelma on Edwardsin mukaan fyysisen kehon ja astraaliruumiin välinen tarkka synkronointi: miten on mahdollista, että fyysisen ruumiin muutos voisi välittyä astraaliruumiiseen, kuten jotkut selvänäkijät esittävät? Neljäs ongelma liittyy identiteettiin: miten astraaliruumis voisi säilyttää persoonan identiteetin kuoleman jälkeen? Hän esittää hypoteettisen tapauksen, jossa unen aikana irtautunut astraaliruumis tekisi rikoksen. Olisiko ihminen rikoksesta vastuussa, vai olisiko ihminen vastuussa vain siitä, että hän tarjosi "sijoituspaikan" rikolliselle astraaliruumiille? Lopuksi Edwards argumentoi, että jos kerran astraaliruumis on fyysisen kehon tarkka kopio, senkin on kuoltava fyysisen kehon kuollessa.

Edwardsin astraaliruumiin kritiikkiä on joissakin yhteyksissä pidetty raskauttavana. Esimerkiksi Wikipediassa jälleensyntymistutkimuksesta tietoisuuden siirtymistä elämästä toiseen pidettiin ongelmallisena juuri Edwardsin kritiikin perusteella ("modus operandi -ongelma"). On huomattava, että Edwards on koonnut astraaliruumiin ominaisuudet monista eri lähteistä, jotka vielä saattavat olla ristiriitaisia keskenään. Näiden perusteella on helppo osoittaa koko astraaliruumiin idea naurettavaksi. Edwardsin näkökannalta näin ilman muuta onkin, koska hän kirjassaan ilmaisee sitoutuvansa materialistiseen ihmiskäsitykseen: tämän mukaan tajuntaa ei voi olla olemassa ilman aivoja.

Edwards kiinnittää kirjassaan huomiota väestönkasvuun ja sen seurauksiin jälleensyntymishypoteesille. Maailman väestö on kiistatta kasvanut. Esimerkiksi Edwardsin mukaan on arvioitu, että Kristuksen syntymän aikaan maailmassa oli vain 200 miljoonaa ihmistä ja vuonna 1650 500 miljoonaa ihmistä. Maailman väkiluku on tätä kirjoitettaessa ylittänyt 7 miljardin rajan ja se jatkaa kasvamistaan. Erään arvion mukaan (Bishai, 2000) maailmassa on elänyt 105 miljardia ihmistä. [Tämä arvio ei sisällä Atlantiksen väestönlaskentaa.] Jälleensyntymishypoteesi on mahdollinen, jos oletetaan, että jälleensyntymisen rytmi on nopeutunut ja että suurin osa sieluista elää kuoleman ja uuden syntymän välisessä välitilassa.

Edwardsin kirjassa luvataan kriittinen tarkastelu. Kirjassa itse asiassa ei analysoida reinkarnaatiotutkimuksia lukuun ottamatta joitakin "heikkoja" tapauksia. Vahvempia tapauksia ei käsitellä lainkaan; Edwards tyytyy mainitsemaan, että vahvemmat tapaukset ovat "ehkä parempia, mutta eivät tarpeeksi hyviä". Barroksen (2003b) arvion mukaan kirja on lähinnä pseudoskeptinen; se vain *vaikuttaa* kriittiseltä. Myös filosofi Robert Almeder (1997) esittää yksityiskohtaista kritiikkiä Edwardsin teosta kohtaan. Artikkelissaan Almeder puolustaa jälleensyntymishypoteesia Stevensonin ym. keräämän todistusaineiston filosofisesti mielekkäänä selityksenä. On syytä todeta, että vain harvat filosofit ovat rohjenneet julkisesti esittää jälleensyntymistä puoltavia lausuntoja. Suomessa näin ovat tehneet Sven Krohn ja Reijo Wilenius.

Halesin kritiikki

Filosofi Steven Hales (2001) esittää mielenkiintoista kritiikkiä jälleensyntymishypoteesia kohtaan. Hales esittää kuvitteellisen reinkarnaatiotapauksen. Siinä japanilaisnainen kertoo eläneensä pronssiajalla kelttiläisenä metsästäjänä ja soturina. Muistojensa perusteella hän esittää useita ennusteita, jotka arkeologien on mahdollista tarkistaa. Hän kertoo, että hänellä oli kelttielämässään pronssinen kaulakoru, joka oli kahden taistelevan lohikäärmeen muotoinen. Hän muistaa kätkeneensä korun tietyn kivipaaden kohdalle juuri ennen taistelua, jossa hän sai surmansa. Arkeologit löytävät paikan ja kuvauksen mukaisen korun; lisäksi heidän tutkimusmenetelmänsä osoittavat, että maata ei ole tästä kohdasta kaivettu tuhansiin vuosiin. Hales olettaa, että huijaus ja kaikki muut mahdolliset naturalistiset tietämisen lähteet olisi eliminoitu niin hyvin kuin mahdollista. Hän olettaa lisäksi, että vastaavia tapauksia olisi useita. Hales kuitenkin toteaa, että huijausta loogisena mahdollisuutena ei koskaan pystytä täysin sulkemaan pois, mutta olettaa, että se näissä kuvitelluissa tapauksissa olisi epätodennäköistä.

Seuraisiko näistä tapauksista se, että jälleensyntyminen olisi varteenotettava hypoteesi tämän ja muiden vastaavien tapauksien selittämisessä? Halesin mielestä ei tietenkään seuraisi: muita loogisesti mahdollisia selityksiä on loputon määrä. Hän esittää yhden mahdollisen selityksen. Kyseessä voisi olla maata salaa tarkkailevien pitkälle kehittyneiden avaruusolentojen pila. He kykenisivät tuottamaan todentuntuisia muistoja kehittyneellä psykokirurgialla ilman, että henkilö tai kukaan muukaan huomaisi mitään. Tämä hypoteesi olisi periaatteessa tieteellisesti koeteltava: avaruusolennot voisivat joku kaunis päivä laskeutua maahan ja paljastaa itsensä ja käyttämänsä tekniikan. Hales huomauttaa, että avaruusolentohypoteesi ei millään tavalla asettaisi materialistista tajunnanteoriaa kyseenalaiseksi (alienit ovat voineet kehittyä aivan luonnollisen evoluution kautta).

Halesin mielestä olisi epistemologisesti pätevämpää pitää avaruusolentohypoteesia uskottavampana selityksenä kuin jälleensyntymistä, koska tämä ei vaatisi mitään muutoksia nykyisiin tieteellisiin teorioihin maailmasta ja ihmismielestä. Hän toteaa, ettei usko avaruusolentohypoteesiin sinänsä, mutta haluaa esittää, että niinkin kaukaa haettu selitys kuin psykovitsailevat avaruusolennot on ylivertainen selitys jälleensyntymiseen verrattuna. Hales vetoaa myös filosofi Anthony Flew'n esittämään kritiikkiin, jonka mukaan jälleensyntymiseen liittyvä todistusaineisto ei ole laboratorio-olosuhteissa toistettavissa. Niinpä kaikki näyttö on luonteeltaan anekdoottista, eikä se siten koskaan voi yltää tieteellisesti hyväksyttävälle tasolle.

Jotta jälleensyntymishypoteesi olisi uskottava, pitäisi Halesin mukaan keksiä tieteellisesti pätevä teoreettinen selitys, joka selittää *kaiken*, mitä tiedämme mielestä ja aivoista. Sen lisäksi tämän teorian pitää selittää, kuinka ihmisen persoonallisuus voisi selvitä kuolemasta ja miten se voisi siirtyä uuteen elämään. Koska kukaan ei ole kyennyt esittämään tällaista teoriaa, on rationaalisempaa uskoa nykyiseen materialistiseen selitykseen ja uskoa, että jälleensyntymiseen liittyvässä todistusaineistossa on jotakin vikaa tai että jossakin vaiheessa keksitään kaikelle materialistinen selitys. Näyttää siten siltä, että mikään todistusaineisto ei ole riittävää muuttamaan skeptisen filosofin uskomuksia. (Aivan sama tilanne siis kuin kuolemanrajatutkimuksessa.)

Henkisen tutkimuksen näkökulma

Stevensonin ja muiden keräämä laaja aineisto lasten jälleensyntymismuistoista on mielenkiintoinen henkisten opetusten näkökulmasta. Stevensonin tutkimukset antavat ilmeisesti poikkeuksetta ymmärtää, että jälleensyntyminen tapahtuu hyvin nopeasti, yleensä muutamien vuosien sisällä. Teosofisissa ja antroposofisissa lähteissä esitetään hyvin yksimielisesti pitkä jälleensyntymisen prosessi, jossa ihminen ensin vapautuu aikaisemman persoonansa rajoituksista astraalimaailman eli sielunmaailman eri tasoilla ja elää sitten suurimman osan kuolemanjälkeisestä elämästään taivasmaailmassa eli korkeammassa hengenmaailmassa (Ervast, 1993; Burckhardt, 1998). Tämä prosessi saattaa kestää tuhatkin vuotta maallisessa ajassa mitattuna. Toisaalta henkisen tiedon mukaan ihmiskunnan auttajat voivat syntyä uudelleen huomattavasti nopeammin suoraan astraalitasolta. Tällöin edellisen elämän persoonallisuus jälleensyntyy sen sijaan, että korkeampi minä synnyttäisi vanhan karman pohjalta uuden persoonallisuuden. Tämä edellyttää kieltäytymistä taivaallisesta onnesta; yleensä ihminen ei osaa sitä tehdä. Stevensonin tutkimat tapaukset eivät vaikuta olevan tällaisia.

On esitetty, että lapsena kuolleet voisivat syntyä varsin nopeasti suoraan astraalitasolta (Ervast, 1990). Tämä sopii joihinkin Stevensonin ym. tutkimiin tapauksiin, mutta ei läheskään kaikkiin. Useimpiin tutkittuihin tapauksiin liittyy edellisen elämän päättänyt väkivaltainen tai äkillinen kuolema. Näissä poikkeustapauksissa nopea jälleensyntyminen voisi varsin hyvin sopia henkisen tutkimuksen viitekehykseen. Jälleensyntymismuistot voisi selittää siten, että henkilön eetteriruumis, jossa eletyn elämän muistot henkisen tiedon mukaan säilyvät, ei olisi ehtinyt "hajota" yleiseen eetteriseen maailmaan, ja voisi siten säilyä joiltakin osin muuttumattomana. Voisi myös ajatella, että lasten jälleensyntymismuistojen yllättävän yleinen esiintyminen olisi yritys vaikuttaa ihmiskunnan tajuntaan herättävästi: ainakin nämä tapaukset haastavat länsimaissa vallitsevan materialistisen maailmankuvan.

Välitilaan liittyvät muistot näyttävät tapahtuneen fyysistä maailmaa lähellä olevalla tasolla, joka ei henkisen tutkimuksen mukaan ole varsinainen kuolemanjälkeinen tila. Osa lasten välitilakertomuksista käy erittäin hyvin yhteen henkisten opettajien kuvausten kanssa: esimerkiksi lapset kertoivat yrittäneensä välittömästi kuoleman jälkeen kiinnittää omaistensa huomion tässä onnistumatta. Myös tietynlainen ohjaus, jota lapset muistivat saaneensa välitilassa, on hyvin yhteensopiva henkisten opetuksen kanssa. Sen sijaan odottaminen puussa tai lähellä kuolinpaikkaa tuntuu kummalliselta. Toisaalta tämä "kummallisuus" voi johtua vain siitä, että tämän kirjoittajan ymmärrys näkymättömän maailman lainalaisuuksista on hyvin rajallista.

Yhteenveto

Stevensonin ja muiden tuottama tutkimus on vaikuttavaa laajuudessaan ja hyvin kunnioitettava yrityksessään lähestyä jälleensyntymistä tieteellisesti. Kuten Stevenson itsekin tuo esille, "täydellistä" tapausta ei ole löytynyt; vahvoissakin tapauksissa on heikkouksia. Tämä jättää tilaa oikeutetulle epäilylle. Tosin kuten skeptisten filosofien kritiikistä kävi ilmi, tällä ei ole juurikaan merkitystä, koska edes täydellinen tapaus (tai vaikka kuinka monta täydellistä tapausta!) ei riitä vakuuttamaan todellista skeptikkoa, jonka lähtökohtana on materialistinen mielen filosofia. On kuitenkin syytä todeta, että kaikki skeptikot eivät ole aivan yhtä jyrkkiä. Tähtitieteilijä, kirjailija ja skeptikko Carl Sagan (1997) esitti, että vaikka hän ei itse usko jälleensyntymiseen tai pseudotieteeseen yleensäkään, Stevensonin keräämä aineisto tarjoaa edes jonkinlaista heikkoa empiiristä tukea jälleensyntymishypoteesille, mikä antaa aihetta tehdä lisätutkimuksia.

Arvostan Stevensonin rohkeutta omistaa suuri osa elämästään lasten jälleensyntymismuistojen tutkimukselle. Hän ei välittänyt siitä, saiko osakseen arvostusta tai pilkkaa (useimmiten pilkkaa tai välinpitämättömyyttä). Stevensonin perustaman tieteenalan hyväksymistä ei ole vielä tiedeyhteisössä tapahtunut. Siitä huolimatta hänet voi nähdä uuden ajan Galileona, ainakin jos pitää jälleensyntymishypoteesia mahdollisena. Mielestäni hänen uhrautuva työnsä oli ihmiskunnan auttamista. Uskon, että tämän työn hedelmät tulevat esille tulevaisuudessa.

Lähteitä

Almeder, Robert (1997). A critique of arguments offered against reincarnation. *Journal of Scientific Exploration*, Vol. 11, No. 4, pp. 499–526.

Angel, Leonard (1994). Reincarnation all over again: Evidence for reincarnation rests on backward reasoning. A review of Ian Stevenson's "Reincarnation and biology". *Skeptic Magazine*, vol. 9, No. 3.

Barros, Julio (2003a). Another Look at The Imad Elawar Case – A Review of Leonard Angel's Critique of This "Past Life Memory Case Study".

Barros, Julio (2003b). A book review on "Reincarnation. A critical examination".

Bishai, David (2000). Can population growth rule out reincarnation? A model of circular migration. *Journal of Scientific Exploration*, Vol. 14, No. 3, pp. 411–20.

Burckhardt, Martin (1998). *Kuolemanjälkeiset kokemukset: ihmisen kuolemanjälkeinen matka yliaistillisessa maailmassa. Rudolf Steinerin kuvausten pohjalta laadittu yhteenveto.* Suomen antroposofinen liitto.

Edelmann, Jonathan and Bernet, William (2007). Setting criteria for ideal reincarnation research. *Journal of Consciousness Studies*, 14, No. 12, pp. 92–101.

Edwards, Paul (1996). *Reincarnation. A critical examination.* Prometheus Books.

Ervast, Pekka (1990). *Jälleensyntymismuisti.* Ruusu-Ristin kirjallisuusseura ry. Saatavilla internetistä osoitteesta http://www.pekkaervast.net/teokset/.

Ervast, Pekka (1993). *Elämää kuoleman jälkeen.* Ruusu-Ristin kirjallisuusseura ry. Saatavilla internetistä osoitteesta http://www.pekkaervast.net/teokset/.

Fenwick, Peter and Fenwick, Elizabeth (1999). *Past lives. An investigation into reincarnation stories.* Headline.

Hales, Steven (2001). Evidence and the afterlife. *Philosophia*, Vol. 28, nos. 1–4, pp. 335–346.

Lönnerstrand, Sture (1995). *Shanti Devi. Kertomus jälleensyntymisestä.* Kirjayhtymä.

Näreaho, Leo (1995). *Jälleensyntyminen.* Arator.

Savinainen, Antti (2012). Kuolemanrajatutkimus: tiede kohtaa Aikain viisauden. *Ruusu-Risti* 2/2012, s. 46–59.

Sagan, Carl (1997). *The Demon-Haunted World*, Random House (p. 302).

Shroder, Tom (1999). *Old souls. Compelling evidence from children who remember past lives.* Simon & Schuster Paperbacks.

Sharma, Poonam and Tucker, Jim (2004). Cases of the reincarnation type with memories from the intermission between lives. *Journal of Near-Death Studies,* 23(2).

Stevenson, Ian (1997). *Reincarnation and biology: A contribution to the etiology of birthmarks and birth defects.* Praeger.

Stevenson, Ian (2002). *Twenty cases suggestive of reincarnation.* Second edition, revised and enlarged. Sixth paperback printing. University of Virginia Press.

Stevenson, Ian (2006). Half a Career with the Paranormal. *Journal of Scientific Exploration,* Vol. 20, No. 1, pp. 13–21.

Tucker, Jim (2005). *Life before life. A scientific investigation of children's memories of previous lives.* Piatkus.

Henkisten harjoitusten tiede

Johdanto

Esitykseni perustuu pitkälti biologi Rupert Sheldraken (2018) kirjaan *Science and Spiritual Practices*. Sheldrake on itsenäinen ja rohkea ajattelija ja etsijä, joka on väitellyt tohtoriksi maineikkaassa Cambridgen yliopistossa. Hän on julkaissut tutkimuksia kasvifysiologiasta ja parapsykologiasta ja kehittänyt morfisen kentän idean (tästä myöhemmin artikkelissa lisää). Sheldrake oli nuorena ateisti, koska hänen mielestään se tuntui silloin kuuluvan osaksi tieteellistä maailmankatsomusta. Opiskellessaan biologiaa hän huomasi, että opiskelutapa itse asiassa etäännytti häntä kasveista ja eläimistä, koska tutkittavat organismit piti ensin tappaa. Goethen holistinen metodi kuitenkin näytti, että on toisenlainenkin tapa tutkia luontoa. Myöhemmin Sheldrake tutustui mietiskelyyn ja eri uskontojen henkisyyteen. Hän on nykyisin avarakatseinen kristitty.

Otsikko *Henkisten harjoitusten tiede* voi kuulostaa kummalliselta. Mitä tekemistä tieteellä voisi olla henkisten harjoitusten kanssa? Itse asiassa paljonkin, jos henkiset harjoitukset ymmärretään laajassa mielessä. Tieteen keinoin on mahdollista tutkia hyvinvointia ja sen edistämistä, vaikka varsinaista henkistä kasvua ei ilmeisesti voidakaan tieteellisesti tutkia. Tarkastelen artikkelissani erilaisia henkisiä harjoituksia ja millaista tieteellistä näyttöä niiden vaikutuksista on olemassa. Täydennän tieteellistä tarkastelua ruusuristiläisen teosofian antamilla näkökulmilla.

Mietiskely ja tietoisuuden luonne

Mietiskely on tuhansia vuosia vanha henkinen harjoitus, ja sitä on harjoitettu eri uskontojen piirissä. Erityisen suuri merkitys meditaatiolla on hindulaisessa ja buddhalaisessa perinteessä, mutta sitä on harjoitettu myös kristillisissä traditioissa. Teosofinen liike teki mietiskelyä omalta osaltaan tunnetuksi länsimailla 1800-luvun lopulta alkaen. Monet intialaiset opettajat ja gurut ovat matkustaneet länsimaihin opettamaan mietiskelyä, esimerkiksi Paramahansa Yogananda (1893–1952). Buddhalaisesta traditiosta mainittakoon D. T. Suzuki (1870–1966) ja Thich Nhat Hanh (1926–), joka suosittelee myötätunnon mietiskelyä, *mettaa*. Nykyisin mietiskely ei useinkaan liity mihinkään uskonnolliseen traditioon: *mindfulness* on eräs hyvin suosittu sekulaari mietiskelyn muoto.

Mietiskelyssä usein istutaan ja pidetään silmät kiinni. Näin voi tapahtua myös rukoillessa. Rukoilussa on mukana jokin tarkoitus, mieli on suunnattu ulospäin toisiin ihmisiin, Jumalaan tai jonkin asian pyytämiseen Jumalalta. Sheldraken tulkinnassa mietiskelyssä on kysymys siitä, että mieleen nouseviin ajatuksiin ei takerruta, vaan niiden annetaan mennä menojaan. Mietiskelyssä mieli on suunnattu sisäänpäin ja rukouksessa ulospäin. Sheldrake itse harjoittaa kumpaakin ja vertaa mietiskelyä sisäänhengitykseen ja rukoilua uloshengitykseen.

Monissa meditaatiotekniikoissa käytetään mantraa tai kohdistetaan huomio hengityksen seuraamiseen. Nämä pitävät mielen keskittyneenä, kun ajatuksia ja tunteita ilmaantuu tietoisuuteen. Tämä voi länsimaisesta ihmisestä tuntua ajanhukalta: "Älä nyt istu siinä, vaan tee jotakin!" Mietiskelyssä ohje on päinvastainen. Mietiskelyn harjoittaminen lisää itsetuntemusta ja tietoisuutta mielen toiminnasta. Mieli tuottaa ajatuksia ja keho tuntemuksia, joita mietiskelijä opettelee jättämään huomiotta. Mietiskely on tällöin henkistä harjoitusta, jossa mietiskelijä pyrkii elämään tässä hetkessä sen sijaan, että ajattelisi koko ajan jotakin mennyttä tai suunnittelisi tulevaisuutta.

Mietiskelyn harjoittaminen voi johtaa poikkeuksellisiin tietoisuuden tiloihin. Eri traditiot ovat antaneet näille tietoisuuden tiloille erilaisia nimityksiä: mm. Buddha-tietoisuus, muodoton tyhjyys, kosminen tietoisuus, jumaltietoisuus ja Kristus-tietoisuus. On syytä huomauttaa, että poikkeuksellisten tilojen saavuttaminen ei ole minkään uskonnon yksinoikeus; niitä tapahtuu myös uskonnottomille ihmisille ja myös sellaisille, jotka eivät harjoita mietiskelyä. William Jamesin (1902/1981) teos *Uskonnollinen kokemus* on tämän alan klassikkoteos.

Mietiskelyn tieteellinen tutkimus alkoi verrattain myöhään. Herbert Bensonin ryhmä teki Harvardin yliopistossa pioneerityötä 1970-luvulla. Heidän tutkimuksensa keskittyi rentoutumisvasteeseen, joka liittyy stressin hallintaan ja sympaattisen hermoston toimintaan. Akuutissa stressitilanteessa vereen erittyy adrenaliinia, joka nostaa sykettä ja verenpainetta ja vähentää ääreisverenkiertoa. Stressireaktio kasvattaa kortisolipitoisuutta, joka puolestaan heikentää kehon immunologista järjestelmää. Kun akuutin stressin aiheuttaja poistuu, keho palautuu normaaliin tilaan. Kroonisessa stressissä palautumista ei kuitenkaan tapahdu, mikä voi johtaa mm. jatkuvaan ahdistuneisuuteen.

Mietiskelyn terveysvaikutuksista on julkaistu tuhansia tutkimuksia (ks. esim. Keng ym., 2011). Mietiskelyn on raportoitu mm. vähentävän ahdistusta, allergisia ihoreaktioita, sydänvaivoja, astmaa, verenpainetta, kipua, unettomuutta ja jopa keskivaikeaa masennusta. Monet näistä vaivoista liittyvät stressiin. Toisaalta mietiskelystä on raportoitu myös haittavaikutuksia: psykiatristen potilaiden ongelmat voivat pahentua. Terveille ihmisille mietiskelystä ei nykyisen tieteellisen tiedon mukaan ole vaaraa.

Mietiskelyllä on aivotasolla mitattavia vaikutuksia. Aivojen aktiviteetti muuttuu mietiskelyn myötä ja kokeneiden mietiskelijöiden aivoaallot poikkeavat selvästi aloittelijoista. Säännöllinen mietiskely vaikuttaa myös aivojen rakenteisiin: erään tutkimuksen mukaan mietiskely lisää harmaan aineen määrää aivokuoren aistimiseen liittyvällä alueella ja työmuistiin liittyvässä etulohkossa. Aivomuutoksia on todettu tapahtuvan nopeasti, jopa kahdeksassa viikossa. Aivot ovat kuin lihakset, joita voi harjoittelulla vahvistaa. Suotuisten vaikutusten aikaansaamisessa säännöllisyys on ratkaisevan tärkeää, kuten missä tahansa harjoittelussa.

Ruusuristiläinen teosofia tuo mietiskelyyn oman henkisen näkökulmansa. Pekka Ervast esitti Vuorisaarnaan perustuvan rukousmietiskelyn teoksessaan *Jeesuksen salakoulu*. Kyseessä on eettinen itsekasvatustie, jossa päivittäin mietiskellään Vuorisaarnan elämänihanteita (mielentyyneys, ajatusten puhtaus, totuudellisuus, pahanvastustamattomuus ja rakkaus) ja pyritään toteuttamaan niitä arkielämässä. Tämä rukousmietiskely muuttaa ihmisen elämän, ja sillä on merkittäviä seurauksia tässä elämässä, kuolemanjälkeisessä elämässä ja myös tulevissa inkarnaatioissa. Itsekasvatustyö ei ole helppoa, minkä jokainen, joka on vähänkään sitä yrittänyt, tietää omasta kokemuksestaan. Tämän lisäksi Ervastin esittämällä rukousmietiskelyn syvemmällä asteella on myös erityisen vaativa puoli ainakin persoonallisuuden kannalta: ihminen vetoaa korkeampaan minäänsä ja pyytää, että hän saisi nopeammin suorittaa vanhan karmansa. Tämä mahdollistaa sen, että ihminen voi päästä nopeammin oman henkensä yhteyteen – taivasten valtakunnan jäseneksi –, mutta se merkitsee samalla lisääntyviä vastoinkäymisiä ja kärsimystä. Ervast varoittaakin, että tämä sopii vain ihmiselle, joka osaa sanoa "tapahtukoon Sinun tahtosi".

Ruusuristiläisestä näkökulmasta mietiskelyn harjoittamisessa piilee myös toisenlainen vaara. Ihminen voi oppia keskittämään ajatuksiaan ja tahtoaan niin, että hänen itsekkyytensä vain vahvistuu. Tällainen ihminen voi olla entistä vaarallisempi lähimmäisilleen. Voi käydä myös niin, että mietiskely ilman eettistä perustaa ja itsekasvatuspyrkimystä kehittää psyykkisiä kykyjä, joita ihminen ei osaa hallita.

Kiitollisuuden harjoittaminen

Arkielämässä monet asiat perustuvat vaihtokauppaan: tuotteita ja palveluja saadaan rahaa vastaan, jolloin helposti käy niin, että otamme asiat meille kuuluvina ilman kiitollisuuden tunteita. Tämä korostuu, jos emme ole lainkaan ihmisen kanssa tekemisissä esim. verkkokaupassa tai automaattikassalla. Jokaisen elämä kuitenkin on voimakkaasti sidoksissa muiden ihmisten, luonnon, maapallon ja koko maailmankaikkeuden elämään, vaikka emme sitä aina havaitse. Jos lakkaamme ottamasta asiat itsestäänselvyytenä, opimme näkemään paljon asioita, joista voimme olla kiitollisia. Sheldrake huomauttaa, että kiitollisuuden kokemus liittyy maailmankatsomukseemme. Jos näemme luonnon ja elämän vain materialistisen maailmankuvan näkökulmasta, kiitollisuudella ei ole mitään mieltä. Uskonnollisen tai henkisen maailmankuvan näkökulmasta asia on toisenlainen: elämä ja maailma ovat korkeamman todellisuuden ilmausta, josta voimme olla kiitollisia.

Kiitollisuuden vaikutuksia on tutkittu tieteellisesti noin vuodesta 2000 alkaen. Tätä varten on kehitetty kyselylomakkeita, joilla voidaan luotettavasti arvioida ihmisten kokemaa kiitollisuutta tai sen puutetta. Tutkimus toisensa jälkeen on osoittanut, että kiitolliset ihmiset ovat onnellisempia, heillä on vähemmän masennusta, he ovat tyytyväisempiä elämäänsä ja he kokevat elämänsä merkityksellisemmäksi kuin ihmiset, jotka eivät osaa olla kiitollisia. Tämä on tietysti vasta korrelaatioyhteys: voisihan olla niin, että onnellisuus ja tyytyväisyys synnyttävät kiitollisen mielen. Tätäkin kysymystä on voitu tutkia tieteellisesti satunnaistettujen verrokkiryhmien avulla. Ihmiset, jotka kymmenen viikon aikana merkitsivät muistiin menneen viikon tapahtumia, joista olivat kiitollisia, kokivat koejakson jälkeen elämänsä myönteisempänä ja tulevaisuutensa parempana kuin ihmiset, jotka kirjoittivat menneen viikon ikävistä kokemuksista. Näiden vertailuryhmänä oli kolmas ryhmä, jonka jäsenet kirjoittivat itselleen merkityksellisistä tapahtumista ilman erityistä ohjeistusta. On syytä huomauttaa, että yleensä yhteen tutkimukseen ei kannata kovin paljon luottaa; tarvitaan tutkimuksen riippumaton toistaminen, mielellään useampaan kertaan. Kiitollisuustutkimuksen tulokset ovat olleet toistettavissa erilaisissa tutkimusasetelmissa. Kyseessä vaikuttaa olevan todellinen efekti.

Kiitollisuuden harjoittaminen yhdistää meidät toisiin ihmisiin, luontoon ja syvähenkiseen todellisuuteen, jota uskonnolliset ihmiset kutsuvat Jumalaksi. Kiittämättömyys erottaa meidät niistä. Sheldrake suosittelee kiitollisuuden ottamista jokapäiväiseksi harjoitukseksi esimerkiksi ennen nukkumaan menoa. Silloin voi ajatella päivän tapahtumia ja kohtaamisia, joista voi olla kiitollinen. Kiitollisuuden aiheet voi kirjoittaa myös muistiin. Kiitollisuuden voi ulottaa koskemaan koko olemassaoloa ja Suurta Elämää kohtaan.

Anteeksianto

Sheldrake ei käsittele kirjassaan anteeksiantoa, vaikka se on hyvin tärkeä henkinen harjoitus. Yksi syy tähän saattaa olla se, että hän on suunnitellut kirjoittavansa henkisistä harjoituksista toisen osan; kenties siinä on anteeksianto mukana.

Anteeksiannon psykologinen määritelmä voi vaihdella eri lähteissä (Worthington, 2004). Sillä voidaan tarkoittaa negatiivisista tunteista luopumista tai hyvän tahdon osoittamista ihmistä kohtaan, jolle annetaan anteeksi. Jälkimmäinen luonnehdinta sopii paremmin yhteen anteeksiannon henkisen merkityksen kanssa. Anteeksiantamattomuuteen liittyy kaunan kantaminen, viha ja kostonhalu. Anteeksiantamattomuus vaikuttaa ihmisen fyysiseen ja henkiseen terveyteen. Eräässä tutkimuksessa osallistujia pyydettiin muistelemaan ihmistä, joka oli kohdellut heitä väärin. Samalla mitattiin koehenkilöiden fysiologisia reaktioita. Negatiivisen tapahtuman muisteleminen nosti verenpainetta, sykettä ja lisäsi hikoilua. Koehenkilöiden tunnetila muuttui vihaiseksi, surulliseksi ja ahdistuneeksi, ja he tunsivat itsensä stressaantuneiksi. Vanhojen vääryyksien muisteleminen on anteeksiannolle käänteinen toiminto, joka näytti voimistavan anteeksiantamattomuutta. Toisessa tutkimuksessa löydettiin yhteys veren kortisolipitoisuuden ja anteeksiantamattomuuden välillä. Anteeksiantamattomuudella on myös vaikutuksia immuunijärjestelmään, mikä altistaa sairauksille.

Anteeksiannolla on todettu olevan myönteinen vaikutus ihmissuhteisiin niin perheessä kuin työelämässä. Erityisesti avioliiton hyvinvoinnilla ja anteeksiannolla on vahva yhteys, mikä on arkikokemuksenkin valossa hyvin uskottavaa. Anteeksianto vahvistaa itsetuntoa ja tekee tilaa onnellisemmille ihmissuhteille. Anteeksiantoa voi opetella; tästä on tutkimusnäyttöä myös hyvin vaikeiden elämänkohtaloiden tapauksessa. Anteeksianto on hidas prosessi, mutta tutkimusten mukaan siinäkin sinnikkyys ja ponnistelu palkitaan. Anteeksianto ei paranna pelkästään yksilöiden elämää: Nelson Mandelan ja Desmond Tutun esimerkki rotusorron jälkeisessä Etelä-Afrikassa osoittaa, että anteeksiannolla voi olla koko yhteiskuntaa eheyttävä vaikutus.

Tarkastellaan anteeksiantoa seuraavaksi henkiseltä näkökannalta. Anteeksianto on hyvin keskeinen kristillinen ajatus. Tosin kirkon piirissä korostuu Jumalan anteeksianto ihmisiä kohtaan, mutta Jeesuksen *Isä meidän* -rukouksen viesti on selvä (sanatarkka käännös kreikan kielestä, kursiivi lisätty): "Ja anna meille anteeksi velkamme, niin kuin mekin *olemme antaneet* anteeksi velallisillemme" (Smoley, 2015). Tämän mukaan Jumalan tai Elämän anteeksianto edellyttää sitä, että me annamme anteeksi omille velallisillemme. Teosofisesta näkökulmasta anteeksianto ja velka liittyvät karmaan. Ervast (1997, 134–35) selittää anteeksiannon ja karman suhdetta seuraavasti:

> *Sitten tulemme tekojen maailmaan… se karma, mikä tulee lukuun, johtuu niistä teoista, joilla me vaikutamme toisiin ihmisiin… Mikä olisi kaikista yksinkertaisin keino avata karman solmut? Se on Jeesus Kristuksen kuvaama keino, jonka hän asetti seuraajiensa ehdoksi, ja se on anteeksianto. Jos me ihmiset osaamme sillä tavoin suhtautua toisiimme, että annamme anteeksi, silloin karma loppuu… Jos esimerkiksi teen jotakin pahaa jollekin ja en osaa sopia hänen kanssaan niin, että hän antaa anteeksi…, hän vetoaa karman herroihin, ja he mittaavat seuraukset minun pahoista teoistani.*

Ervastin mukaan anteeksipyyntö ja sitä seuraava aito anteeksianto voivat neutraloida karman. Tulkitsen tämän niin, että kyseessä on karmanalaisen teon tekijän ja teon kohteen yhteinen osallistuminen anteeksiantoon. Jos vain kärsinyt osapuoli antaa anteeksi ilman rikkojan anteeksipyyntöä, tapahtuu tulevaisuudessa karmallinen seuraus rikkojalle. Tällöin anteeksianto katkaisee karman kehän vain anteeksiantajan kohdalla. Anteeksianto liittyy läheisesti pahan vastustamattomuuden mysteeriin, jota Ervast on luonnehtinut koko kristinuskon kulmakiveksi.

Ihmisen yhteys luontoon

Ihmisen luontoyhteys on intuitiivisesti hyvin tärkeä. Sen merkityksestä on myös tieteellistä näyttöä. Luonnossa oleilu parantaa ihmisen mielenterveyttä. Japanissa on käytössä "metsäkylpy" (*shinrin yoku*), jolla on rauhoittavia fysiologisia ja psykologisia vaikutuksia: veren kortisolipitoisuus laskee ja immuunijärjestelmän puolustuskyky paranee. Jo yksittäisellä luonnossa kävelyllä on todettu myönteisiä vaikutuksia, jotka tulevat esille hyvän olon tuntemuksina ja näkyvät jopa aivokuvissa. Tämä ei tule yllätyksenä suomalaisille, joilla useimmilla on edelleen yhteys metsään ja luontoon. Tosin yhteys luontoon alkaa olla uhattuna myös Suomessa varsinkin lapsilla ja nuorilla, joiden maailma on yhä enemmän digitaalinen. Sheldrake huomauttaa, että keinotekoinen maailma ja sosiaalinen media muodostavat hallitsemattoman kokeen ihmiskunnan tulevaisuudelle.

Lapsena koettuja luontoelämyksiä on tutkittu Oxfordin yliopistossa. Tässä erään kyselyyn vastanneen kokemus (Sheldrake, 2016, 71, suomennos AS):

> *Minulla näytti [lapsena] olevan suorempi yhteys kukkiin, puihin ja eläimiin. Muistan edelleen tilanteita, joissa koin ylitsevuotavaa iloa nähdessäni iiriksen lehtien avautuvan tai kerätessäni tuhatkaunoja kasteen peittämältä nurmikolta ennen aamiaista. Vaikutti siltä, että kukan ja minun välilläni ei ollut mitään estettä, ja se oli kuvaamattoman ilon lähde.*

Muutamat vastanneet puhuivat "elämän ajattoman ykseyden kokemisesta" ja "syvästä, ylitsevuotavasta kiitollisuuden tunteesta". Myös nuorille tehdyt kyselyt antoivat samansuuntaisia tuloksia.

Ihmisen maailmankatsomus vaikuttaa siihen, kuinka hän ymmärtää luonnon ja suhteensa siihen. Materialistinen maailmankuva näkee luonnon koneenkaltaisena, kun taas Sheldraken kannattama panenteistinen katsomus näkee Jumalan luonnossa ja luonnon Jumalassa. Käsittääkseni ruusuristiläinen ajattelu on panenteistista: jumalallinen tajunta on läsnä luonnossa, mutta erityisesti se pyrkii esiintymään ihmisessä. Professori Eino Krohn (1983) kuvasi tätä esiintymispyrkimystä kauniilla tavalla: "…ruusuristiläisen elämänymmärryksen mukainen immanenttinen, sisästä päin vaikuttava jumaluus [toimii] dynaamisena voimana, joka on realisoitumassa kaikissa yksilöissä."

Kirjailija, parantaja ja selvänäkijä Tapio Kaitaharju toi esille arvokkaan näkökulman luontoon ja ihmisen suhteeseen siihen: puilla ja kasveilla on oma tajunnallinen puolensa. Tämän lisäksi näkyvän luonnon verhon takana on luonnonhenkien rikas maailma, joka on kohtalonyhteydessä ihmiskunnan kanssa. Sen tiedostaminen lisää kunnioitusta myös sellaisia eläviä olentoja kohtaan, joita emme (yleensä) pysty havaitsemaan.

Sheldrake esittää seuraavan harjoituksen, joka syventää luontosuhdettamme. Etsi jokin paikka luonnossa, jossa voit istua aivan hiljaa kenenkään häiritsemättä. Käy tuossa paikassa säännöllisesti ja opettele tuntemaan, miltä paikka näyttää eri aikaan päivästä, erilaisessa säässä ja eri vuodenaikoina. Huomaa, millaisia kasveja paikassa kasvaa ja mitä eläinkunnan jäseniä paikalla elää. Kuuntele tuulta ja linnunlaulua. Opettele tuntemaan linnut niiden äänien perusteella. Jos paikalla on puu, voit esittää sille kysymyksiä. Sheldrake toteaa, että vastaus voi tulla tunteena tai muuna kokemuksena.

Rituaalien merkitys

Kaikilla ihmisyhteisöillä on ollut ja on edelleen omat rituaalinsa. Rituaali voi olla uskonnollinen tai maallinen (suomalaisessa joulun vietossa vaikuttaa olevan piirteitä kummastakin). Rituaali edustaa sukupolvet ylittävää jatkuvuutta, yhteisöllistä muistia. Eräs rituaalin muoto, initiaatio eli vihkimys, kuvaa siirtymistä uuteen vaiheeseen. Siirtymiseen liittyvä rituaali eli siirtymäriitti voi liittyä esimerkiksi tutkinnon valmistumiseen tai johonkin uskonnolliseen tai henkiseen yhteisöön liittymiseen. Antropologinen tutkimus on osoittanut, että siirtymäriittiin liittyy kolme vaihetta. Ensimmäisessä vaiheessa alkuperäinen tila poistetaan; pyrkijä erotetaan entisestä tilastaan. Tällöin pyrkijä joutuu siirtymätilaan, joka edustaa toista vaihetta. Siirtymätila voi olla vaarallinen joko symbolisesti tai reaalisesti, kuten joidenkin kulttuurien aikuistumisriiteistä käy ilmi. Pyrkijä joutuu siirtymätilassa läpäisemään vaarallisia koetuksia. Kolmannessa vaiheessa pyrkijä saavuttaa vihkimyksen, minkä jälkeen hänet hyväksytään uuden yhteisön jäseneksi.

Rituaalit laajasti ymmärrettynä ovat välttämätön osa elämäämme. Voimme vaikuttaa, mihin rituaaleihin haluamme osallistua ja erityisesti siihen, millä mielellä osallistumme niihin. Rituaali voi olla tylsä tapa ja velvollisuus tai se voi olla kohottava, inspiroiva ja henkisesti herättävä. Miksi rituaalit voivat olla niin vaikuttavia? Sheldrake selittää rituaalien voiman morfisen kentän teoriallaan. Morfinen kenttä vahvistuu toistuvasta toiminnasta; kyseessä on siten eräänlainen luonnon muisti (teosofiassa puhutaan *akashasta*). Sheldraken mukaan tämä näkyy myös luonnontieteissä: ehkä on niin, että luonnonlait eivät ole ikuisia, vaan tottumuksia, jotka ovat vahvistuneet vuosimiljardien aikana? Ajatus on mielenkiintoinen, vaikka tiedeyhteisö ei ole sille ymmärrettävistä syistä lämmennyt. Teosofisesta näkökulmasta se selittäisi hyvin rituaalien välittämän yhteisöllisen muistin: rituaalinen toisto synnyttää näkymättömälle tasolle energioita, jotka vahvistavat rituaaliin osallistujia. Tämän voi aistia, kun vierailee temppelissä tai pyhässä paikassa, jossa on harjoitettu rituaalista toimintaa ja rukousmietiskelyä. Usein uskonnollisiin ja henkisiin rituaaleihin liittyy musiikkia, yhteislaulua ja pyhien sanojen yhdessä lausumista. Nämä vahvistavat yhteistä kokemusta ja virittävät ihmisten tajunnat samaan rytmiin tai värähtelyyn. Kuorolaulun suotuisista vaikutuksista on paljonkin tieteellistä näyttöä: se lisää onnellisuutta, vähentää masennusta ja ahdistusta, ehkäisee kognitiivisten kykyjen heikkenemistä ja vahvistaa ystävyyden kokemusta.

Sheldrake ehdottaa, että voisimme tehdä arkisista rituaaleistamme tietoisempia. Kun kohtaamme ihmisen ja kättelemme tai halaamme, voimme tehdä sen tietoisemmin ja nähdä siinä piilevän siunauksen. Jokainen kohtaaminen on elämän antama mahdollisuus antaa ja vastaanottaa rakkautta. Jos osallistumme valmistautunein mielin uskonnollisiin tai henkisiin rituaaleihin, voimme päästä osalliseksi pyhyyden kokemuksesta.

Elämä pyhiinvaelluksena

Pyhiinvaellusta on harjoitettu uskontojen piirissä jo vuosituhansien ajan. Kristityille, juutalaisille ja muslimeille Jerusalem on edelleen keskeinen pyhiinvaelluspaikka. Kristityt ja monet muutkin tekevät Santiago de Compostelan vaelluksia tai käyvät Lourdesin lähteellä, jotkut paranemisen toivossa. Intiassa tehdään pyhiinvaelluksia mm. Ganges-virralle, temppeleihin ja Bodh Gayaan eli paikkaan, jossa Buddhan sanotaan saavuttaneen valaistuksen. Suomessa vastaavia tehdään Valamon luostariin ja varsinkin kansallisromantiikan aikana monet taiteilijat suuntasivat Kolille hakemaan inspiraatiota. Suomen luonnossa on paljon muitakin pyhiä paikkoja. (Kesäläinen ja Kejonen, 2017)

Pyhiinvaelluksen vaikutuksista on vähän tieteellistä tutkimusta, vaikka sillä saattaisi olla mitattavia vaikutuksia. Monien ihmisten myönteistä henkilökohtaista kokemusta on kuitenkin kertynyt runsaasti. Toki on huomautettava, että pyhiinvaelluksen varjopuolena on liiallinen turismi, joka rasittaa luontoa ja paikallisia asukkaita.

Sheldrake suosittelee, että pyhiinvaelluksen voi aloittaa omalta kotipaikkakunnalta, mieluiten ainakin osan matkaa kävellen. Paikan ei tarvitse olla virallinen pyhiinvaelluskohde, se voi olla jokin luontokohde tai jokin muu merkityksellinen paikka. Oleellista on matkata pyhälle paikalla kiitollisin mielin. Pyhään paikkaan ei kannata astua suoraan, sen voi kiertää ensin myötäpäivään. Jos kyseessä on kirkko tai katedraali, siellä voi sytyttää kynttilän ja lähettää siunaavia ajatuksia. Sheldrake suosittelee, että vaikkapa työ- tai lomamatkalla voi tehdä pienen pyhiinvaelluksen. Hän itse käy matkustaessaan vieraailemansa maan jonkin uskonnon temppelissä osoittamassa kunnioitustaan. Pyhiinvaellus on mielentila, jolla kohtaamme pyhän paikan tai maailman yleensä. Tästä näkökulmasta koko elämä on pyhiinvaellusta. Jouko Ikosen (1985/2015, 98) runo kuvaa hienolla tavalla pyhyyden täyttämää mielentilaa:

Pyhät virrat tulivat,
ja kaikki hiljenivät kuuntelemaan,
mieleni tuli pyhäköksi minulle
ja minun kanssani koko maailmalle,
minä ja maailma olimme yhtä
pyhyys lepäsi kaikkialla,
avaruuden syvä syli aukeni,
ja äiti tunsi poikansa.

Lopuksi

Henkisillä harjoituksilla on monia myönteisiä vaikutuksia harjoittajansa elämään. Osa näistä vaikutuksista on tieteellisen tutkimuksen tavoitettavissa. Henkisestä näkökulmasta tämä vaikutus ei kuitenkaan rajoitu pelkästään harjoittajaansa, vaan parhaimmillaan henkisten harjoitusten vaikutukset säteilevät lähiympäristöön ja kenties kauemmaksikin. Ortodoksikirkon pyhimys Serafim Sarovilainen ilmaisi asian näin: "Löydä sisäinen rauha, niin tuhannet ympärilläsi pelastuvat."

Lähteitä

Ervast, Pekka (1915/1986). *Jeesuksen salakoulu.* Ruusu-Ristin Kirjallisuusseura ry. Saatavilla internetistä osoitteessa http://www.ruusuristi.fi/uploads/file/julkaisut/ladattavat_kirjat/Jeesuksen_salakoulu.pdf.

Ervast, Pekka (1997). *Pekka Ervast vastaa kysymyksiin.* Ihmisyyden tunnustajien julkaisuja nro 38. Ihmisyyden tunnustajat, Saarijärvi. Saatavilla internetistä osoitteesta http://www.pekkaervast.net/teokset/.

Ikonen, Jouko (1985/2015). *Veljeni toisesta piiristä.* Karisto. 2. uud. painos on saatavilla internetistä osoitteesta https://www.teosofia.net/e-kirjat/Jouko_Ikonen-Veljeni.pdf.

James, William (1902/1981). *Uskonnollinen kokemus.* Karisto.

Kejonen, Aimo & Kesäläinen, Tuomo (2017). *Suomen luonnon pyhät paikat.* Salakirjat.

Krohn, Eino (1983). *Ruusu-Risti.* Karisto. Saatavilla internetistä osoitteesta https://www.teosofia.net/ruusuristil/ek_ruusu.htm.

Keng, Shian-Ling, Smoski, Morya, J. & Robins, Clive J. (2011). Effects of mindfulness on psychological health: A review of empirical studies. *Clinical Psychology Review,* Vol. 31(6), pp. 1041–1056.

Sheldrake, Rupert (2018). *Science and Spiritual Practices.* Hodder & Stoughton.

Smoley, Richard (2015). *The Deal – A Radical Guide to Complete Forgiveness.* Jeremy P. Tarcher/Penguin.

Worthington, Everett Jr. (2004). The New Science of Forgiveness. *Greater Good Magazine – Science Based Insights for a Meaningful Life.* September 1, 2004. Saatavilla internetistä osoitteesta https://greatergood.berkeley.edu/article/item/the_new_science_of_forgiveness.

Julkaisuluettelo

Henkisten harjoitusten tiede.
Ruusu-Risti 4/2019, s. 28–35.

Karman kahdet kasvot.
Ruusu-Risti 4/2010, s. 12–16

Kuolemanrajatutkimus: Tiede kohtaa Aikain viisauden.
Ruusu-Risti 4/2011, s. 31–41.

Lasten jälleensyntymismuistojen tieteellinen tutkimus.
Ruusu-Risti 2/2012 s. 46–59 ja *Takoja* 1/2013, s. 32–38.

Näkökulmia jälleensyntymiseen ja karman lakiin.
Teosofi 1/2009, s. 33–38 ja *Ruusu-Risti* 2/2010, s. 26–31.

Paul Bruntonin Yliminää etsimässä.
Ruusu-Risti 2/2011, s. 7–11.

Rudolf Steinerin Henkisen tiedon tie.
Ruusu-Risti 4/2012. s. 20–30.

Tapio Kaitaharju – suomalainen tietäjä.
Ruusu-Risti 3-4/2007, s. 20–26 ja *Takoja* 4/2007, s. 33–37 & s. 29.

Uusi uskonpuhdistus?
Ruusu-Risti 4/2013, s. 38–46.

Yrjö Kallinen teosofina, pasifistina ja puolustusministerinä.
Ruusu-Risti 2/2018, s. 50–58.